BERLIN FOR BEGINNERS

Für meinen Vater, der Berliner war

THOMAS KNUTH

BERLIN FOR BEGINNERS

TIPPS FÜR STADTEINSTEIGER

BERLIN STORY VERLAG

IMPRESSUM

Knuth, Thomas:
Berlin for Beginners – Tipps für Stadteinsteiger
8., durchgesehene und aktualisierte Auflage —
Berlin: Berlin Story Verlag 2013
ISBN 978-3-86368-030-5

© Berlin Story Verlag
Alles über Berlin GmbH
Unter den Linden 40, 10117 Berlin
Tel.: (030) 51 73 63 08
Fax: (030) 51 73 63 06
www.BerlinStory-Verlag.de, E-Mail: Service@AllesueberBerlin.com
Gestaltungsentwurf: Till Kaposty-Bliss
Umschlag: Tanja Tilse, Norman Bösch
Satz: Norman Bösch

WWW.BERLINFORBEGINNERS.DE

I N H A L T

**»Du bist verrückt, mein Kind
du musst nach Berlin!
Wo die Verrückten sind, da gehörst du hin!«**

Berliner Gassenhauer

ZUM JELEIT

Sie kommen nach Berlin? Sind schon hier? Willkommen und herzlichen Glückwunsch. Sie hätten keine bessere Wahl treffen können. Mutter oder Vater, Single oder Paar, Student oder Rentner, Bayer oder Bremer, Italiener oder Australier: Sie werden Ihren Spaß hier haben. »Berlin is doch keen Dorf«, sondern richtig groß und gut bevölkert: Auf 892 Quadratkilometern toben sich derzeit über 3,5 Millionen Alt- und Neuberliner aus 190 Nationen aus. Und jetzt kommen auch noch Sie!

Aller Berlin-Anfang ist schwer. »Wo gibt es ...? Wie komme ich nach ...? Was muss ich tun, um ...?« Dieses Buch macht Ihnen den Einstieg leichter. Hier gibt es Tipps von einem ehemaligen Neuberliner, den seine Neugierde und Begeisterung auch nach zehn Jahren immer noch in der Stadt umtreiben, auf der Suche nach dem Besonderen und Beeindruckenden. Er kann sich übrigens noch gut erinnern an die eigenen Startschwierigkeiten. Natürlich sollen Sie Ihren eigenen Pfad im Großstadtdschungel finden. Das werden Sie auch. Aber ein wenig praktische Starthilfe macht den Einstieg stressärmer und den Blick frei auf das, was Berlin so einnehmend und einzigartig macht.

Wo werden Kulturbeflissene fündig, was bietet die Stadt den Sportbegeisterten? Schließlich: Was sollte man nicht verpassen, was besser bleiben lassen in Berlin? Auf diese Fragen will das Buch praktikable Antworten geben, mit deren Hilfe Sie ihr neues Leben vom ersten Tag an gelassen genießen können. Zusätzlich gibt es eine Vielzahl praktischer Hinweise, von A wie Auto anmelden bis Z wie Zeitungen.

Was dieses Buch nicht ist? Kein Stadt-, Kunst- oder Reiseführer. Auch nicht der 83. Restaurant- oder Kneipenguide. Was mir schmeckt und gefällt, wird Ihnen nicht zwangsläufig zusagen. Die einschlägigen Werke füllen bereits ganze Bücherschränke. Apropos Berlin-Literatur: Ganz am Ende dieses Buches finden Sie auch eine Auswahl. Hauptkriterium: der Berlin-Entdeckungs-Faktor für Neuberliner. Darunter auch einige Bücher, die überraschende und lustige Erfahrungen mit Berlin dokumentieren. Ich kann sie nur empfehlen.

Die Tipps, Beschreibungen und Bewertungen erheben keinen Anspruch auf Vollständigkeit oder Objektivität. Sie sind das Resultat meiner persönlichen Erfahrungen und Recherchen, bei denen zahlreiche Freunde und Berlinkenner einbezogen wurden. Wo keine ausreichenden Kenntnisse vorhanden waren, habe ich auf geeignete Informationsquellen verwiesen, von deren Seriosität und Sorgfalt ich mich überzeugt habe. Mein besonderer Dank gilt den Frauen und Männern in den Bezirksämtern, die geduldig und kompetent alle meine Fragen beantwortet haben.

Berlin, Februar 2013

Thomas Knuth

P.S.: Dieser Starthelfer in Buchform ist mittlerweile, nach nur fünf Jahren, bereits in der 8. Auflage. Es besteht offenbar ein Bedarf bei den Neuankömmlingen. Dass ich ihnen damit ihren Weg in die neue Stadt und zugleich auch in ein neues Leben ebnen kann, freut mich sehr.

^ *Willkommen! Bienvenue! Welcome! Schon von Weitem grüßt die »Goldelse« von der Siegessäule auf dem Großen Stern.*

ACHTUNG, SIE VERLASSEN DEN HEIMATLICHEN SEKTOR

Da stehen Sie nun: Dass Berlin kein Dorf ist, wussten Sie schon vorher. Aber die enormen Ausdehnungen überraschen doch die meisten Neuberliner: Nord-Süd 38 Kilometer, Ost-West 45 Kilometer, Gesamtlänge der Stadtgrenze 234 Kilometer. Wie die Entfernungen überwinden? Zu Fuß kommen Sie hier nicht weit. Die öffentlichen Verkehrsmittel, also S-Bahn, U-Bahn und Bus stellen in Berlin eine schnelle und zuverlässige Alternative zum PKW dar, den Sie eigentlich gar nicht brauchen. Die Berliner Verkehrsbetriebe (BVG) betreiben die neun U-Bahn- sowie Bus- und Straßenbahnlinien in der Stadt und einige Fähren. Ein ausführlicher Blick auf bvg.de lohnt sich, dort kann man sich die Linienübersichten herunterladen. Lustig auf der Seite: »So funktionieren Meine Augenblicke«: Eine Anleitung zum Flirten. Öffentlicher Nahverkehr einmal ganz wörtlich genommen!

Die S-Bahn GmbH, eine Tochter der Deutschen Bahn, unterhält 16 S-Bahn-Linien. Auch wenn die Berliner immer wieder auf »die BVG« schimpfen (und damit die S-Bahn gleich mitmeinen) – der Berliner Nahverkehr funktioniert im Allgemeinen sehr gut und erschließt wirklich die ganze Stadt. Lange Wartezeiten gehören dank eines am Computer ausgeklügelten Fahrplans der Vergangenheit an, Taktzeiten über 20 Minuten sind die Ausnahme, in den Innenbezirken wartet man meist unter zehn Minuten. Die Berliner werden Sie deshalb erstaunt anschauen, wenn Sie nach der Abfahrtszeit der S-Bahn X fragen; hier geht man einfach zum Bahnhof oder zur Haltestelle, die Bahn/der Bus wird schon kommen.

< Checkpoint Charlie – am ehemaligen Alliierten-Grenzübergang trifft man nicht mehr auf Panzer und Absperrungen, sondern auf Touristen.

Tipps:

1. Wenn Sie vor dem Umzug nach Berlin kommen, um sich zu ori-
entieren oder eine Wohnung zu suchen, fragen Sie nach der Berlin
WelcomeCard und den »CityTour«-Tickets, die es jeweils für zwei
und drei Tage gibt und die zusätzliche Angebote wie ermäßigten
Eintritt für viele Sehenswürdigkeiten einschließen. Infos im Internet
unter bvg.de – Tickets & Tarife – Tarifübersicht – Mobil bei jeder
Gelegenheit – Für Berlin-Besucher. Spezielle Angebote auch unter
»Für Neu-Berliner«.

2. Besorgen Sie sich vor der Anreise aus dem Internet oder an
den Info-Points der BVG in der Stadt einen handlichen S-Bahn/U-
Bahn-Plan, der Sie auf Ihren Ausflügen stets begleiten sollte. Den
Stadtplan haben Sie ja bereits. Machen Sie sich vor allem mit den
10 U-Bahn- und 16 S-Bahn-Linien vertraut. Bevor Sie einsteigen,
vergewissern Sie sich durch einen Blick auf Ihren Plan, dass die
über dem Fahrer angezeigte Endstation Ihrer gewünschten Fahrt-
richtung entspricht. Faustregel für Ihre Terminplanung: Pro Station
müssen Sie mit etwa zwei Minuten Fahrzeit rechnen.

»Nich mit det Fahrrad in den ersten Wagen!« Diesen Satz
werden Sie öfter aus dem Bahnsteig-Off hören. Ansonsten
können Sie aber mit Ihrem Drahtesel problemlos auf diesen Linien reisen. Eine reizvolle Angelegenheit, denn viele

^ *Zu Wasser und zu Lande: der Bahnhof Friedrichstraße, zu
  erreichen per U-, S-, Straßenbahn und Schiff.*

Linien-Endstationen sind Ausgangspunkt für schöne Exkursionen ins Umland. Vorsicht: Informieren Sie sich vor dem ersten Mal genau über die Ticketvariante, die Sie für sich und Ihr Fahrrad wählen müssen. Die Kontrolleure kennen kein Pardon, wenn Sie nicht ausreichend munitioniert sind. Die Suche nach einem netten Ticketverkäufer, der Ihnen den rechten Weg im Tarifdschungel weist, können Sie sich meist schenken: Bemannte Schalter gibt es nur noch an wenigen Bahnhöfen.

In den U-Bahnhöfen gibt es Informations- und Notrufsäulen, die einen direkten Kontakt zu BVG-Mitarbeitern ermöglichen. Mobil.BVG.de heißt der Dienst, der eine mobile Fahrplanauskunft aufs WAP-Handy anbietet.

Lassen Sie sich nicht entmutigen, wenn Sie anfangs vor den Ticketautomaten auf den Bahnsteigen stehen und a) nichts sehen (weil das Sonnenlicht direkt auf das Display fällt und das Display schon bei bedecktem Himmel kaum zu lesen ist) oder b) nichts verstehen. Das ist normal. Fragen Sie den nächsten Mitwartenden. Man wird Ihnen helfen oder es zumindest versuchen. Im Vergleich zu dem manch anderer deutscher ÖPNV-Betriebe ist das Berliner Tarifsystem übrigens durchaus übersichtlich.

^ *Ja, wann fahren sie denn? Einfach die BVG-Hotline anrufen: 030-19449.*

Es macht Spaß, sich zunächst durch einige Fahrten mit der S-Bahn einen Über- und Einblick in die Vielfalt von Bebauung und Besiedlung zu verschaffen. Hierzu eignet sich die Ringbahn, eine 37,5 Kilometer lange S-Bahn-Trasse, die um die Innenstadt herum verläuft. Aber auch die Linie S 7, die zwischen Ahrensfelde im Nordosten Berlins und Potsdam pendelt, die S 2 zwischen Bernau und Blankenfelde, die S 1 Oranienburg-Wannsee oder die S 9 Spandau-Schönefeld zeigen in Ost und West viel von der Stadt. Ganz besonders angenehm und aufschlussreich und sehr zu empfehlen: eine Fahrt sonnabends oder sonntags mit der Panorama-S-Bahn, die auch Themenfahrten bietet – Info: s-bahn-berlin.de/lieb lings-b.htm oder an den Info-Points der S-Bahn GmbH in den großen Bahnhöfen.

Auch für Radfahrer ist die Stadt gut erschlossen. Insgesamt 825 km Radwege und -streifen auf der Fahrbahn stehen derzeit zur Verfügung. Der Ausbau geht weiter. Mit dem Fahrrad zur Arbeit zu fahren, gilt nicht als anstößig. Vor allem in der Innenstadt ist man viel mobiler. In Verbindung mit S- und U-Bahn kann man auch weitere Strecken bequem überwinden.

Tipp:
Der Allgemeine Deutsche Fahrradclub gibt unter anderem einen Fahrradstadtplan heraus, der alle Radwege im Stadtgebiet verzeichnet: adfc-berlin.de (»Buchladen« – »Radkarten Berlin«).

^ *Für Ausgeschlafene: Mit dem Velotaxi durch die Stadt – inklusive Sightseeing und Infos vom Fahrer.*

WOHNEN IM KIEZ

Dass man mit einer Wohnung einen Menschen genauso töten kann wie mit einer Axt, erkannte schon Heinrich Zille, Berliner Zeichner und Fotograf (1858 -1929). Mietskasernen aus dem 19. Jahrhundert sind noch reichlich in der Stadt vorhanden, haben aber durch umfangreiche Sanierungsmaßnahmen viel von ihrem Schrecken verloren und einiges an Lebensqualität gewonnen. So lebt es sich vielfach angenehm im ersten, zweiten oder gar dritten Hinterhof.

Sie sollen sich wohl fühlen in Berlin. Dazu brauchen Sie eine passende Wohnung zu einem erschwinglichen Mietzins. Die gute Nachricht: Es gibt sie (noch). Die schlechte: Man muss mehr Geduld bei der Suche haben. Der Mietspiegel 2013 wird einen Quadratmeterpreis von ca. 5,60 Euro kalt pro Monat ausweisen. Dieser Durchschnittswert ist nicht hilfreich. Vor allem in Top-Lagen sind die Mieten in den letzten Jahren drastisch gestiegen. Bei neuen Verträgen zahlt man in Kreuzberg, Mitte, Prenzlauer Berg, Schöneberg und Charlottenburg inzwischen 10 bis 16 Euro pro Quadratmeter. In manchen Außenbezirken (z.B. Spandau) und im Ostteil der Stadt sind die Mieten dagegen leicht gesunken. Verglichen mit Hamburg und München wohnt es sich in der Hauptstadt aber immer noch billiger zur Miete. Bei der Wahl Ihrer Behausung können Sie, immer mit Blick auf Ihr Budget natürlich, aus dem Vollen schöpfen: Wohnen am Wasser, im Loft, in der Ökosiedlung oder im Altbau.

Man muss sich sein Heim natürlich suchen – wie das am besten klappt, dazu später mehr. Zunächst sollten Sie herausfinden, welcher Bezirk Ihnen am besten liegt. Eine Beschreibung der einzelnen Bezirke lesen Sie im nächsten Kapitel.

Der Berliner lebt bevorzugt in seinem »Kiez«. Der ist auch schon mal so groß wie eine Kleinstadt. Den Kiez verlässt der Berliner eigentlich nur, wenn er muss. Neuberliner erkennt man oft auch daran, dass ihre Neugier auf Rest-Berlin außerhalb des Kiezes noch sehr groß ist.

Tipp:
Was den Mietzins angeht, gibt es auf der Grundlage des Mietspiegels die Möglichkeit, für eine bestimmte Gruppe von Häusern in einer

gegebenen Straße die ortsübliche Vergleichs-Nettokaltmiete zu ermitteln. Der Senat für Stadtentwicklung bietet auf stadtentwicklung.berlin.de/wohnen/mietspiegel/ einen Abfrageservice, der allerdings nicht rechtsverbindlich ist. Das Ergebnis kann aber als Maßstab gut verwendet werden. Schauen Sie sich Ihren künftigen Wohnbezirk/Kiez genau an, bevor Sie einen Mietvertrag unterschreiben. Berlin heißt Vielfalt auf Fläche. Sie schlägt sich darin nieder, dass die Bezirke sich stark voneinander unterscheiden und ihre Eigenheiten haben. Was natürlich auch ein großer Vorteil ist, denn es ist für jeden etwas dabei. Aber: Sind Sie ruhebedürftig, dann ist Kreuzberg nicht die erste Wahl. Wollen Sie eintauchen in die pulsierende Metropole, sollten Sie nicht unbedingt in den Grunewald ziehen. Ein Freund zog nach Zehlendorf. Sehr viel Grün dort und viel Wasser. Aber er langweilte sich zu Tode, denn »in die Stadt« war es immer eine Reise, hin und zurück.

DIE RICHTIGE WOHNUNG FINDEN

Wenn Sie nicht unter Zeitdruck stehen und vor Ort selbst suchen können, brauchen Sie keinen Makler in Berlin. Das Wohnungsangebot ist groß. Vorsicht ist dennoch geboten, vor allem bei Altbauwohnungen, die man sich genau anschauen sollte. Da paart sich oft Pracht mit Elend – zum Beispiel riesige stuckgeschmückte Zimmer mit winzigen finsteren Bädern und Küchen, die den Namen nicht verdienen. Im Seitenflügel oder Gartenhaus – anderswo heißt das prosaisch Hinterhaus – wohnt es sich ruhig, manchmal aber auch sehr dunkel.

Die einschlägigen Angebote finden Sie, nach Bezirken aufgeschlüsselt, immer sonnabends in den drei großen Berliner Tageszeitungen (Tagesspiegel, Berliner Zeitung, Berliner Morgenpost). Die Zeitungen stellen die Anzeigen auch ins Internet. Die „Mopo" bietet unter immonet.morgenpost.de ausführliche Informationen nebst Bildern, der Tagesspiegel unter anzeigen.tagesspiegel.de/miet.php lediglich kurze Texte mit den Kontaktangaben der Vermieter. Die Berliner Zeitung hat sich im Internet mit einem großen Immobilienportal zusammengetan: berlinonline.de/themen/immobilien-und-wohnen.

Daneben kann man online auch bei immobilienscout24.de, bei immowelt.de oder anderen Suchportalen fahnden. Vorteil gegenüber den reinen Textangeboten der Printmedien, die oft nicht das halten, was sie in ihrer Kürzelsprache versprechen: Die Online-Angebote sind wesentlich ausführlicher und meist bebildert. Dies erlaubt in der Regel eine leichtere Vorauswahl. Weiterer Vorteil: Man kann selbst ein Suchprofil definieren und sich dann passende Objekte online übermitteln lassen. Nachteil: Nicht alle Angebote werden online gestellt. Daher empfiehlt sich für die Suche eine Kombination der Print- und Online-Angebote.

Lassen Sie sich Zeit bei Ihrer Wahl. Berlin hat sie noch, die Wohnung, die zu Ihnen passt. Ca. 80 000 Wohnungen stehen schon längere Zeit leer. Allerdings lassen wachsende Nachfrage und Renditegier die Preise spürbar steigen. Bei der Miete gibt es auch Verhandlungsspielraum. Vereinbaren Sie eine auf drei oder mehr Jahre »eingefrorene« Kaltmiete. Lassen Sie sich die Nebenkosten aufschlüsseln und schauen sich die einzelnen Posten genau an, vor allem im Hinblick auf Energieverbrauch. Und: Eine Altbauwohnung im 5. Stock, schön geschnitten und frisch saniert, aber ohne Fahrstuhl, ist vielleicht doch nicht das Richtige. Das Haus im Grünen im Außenbezirk reizt zwar, aber vergessen Sie nicht die Wege, die Sie in Kauf nehmen. Sie sind, wie gesehen, nicht unerheblich.

^ *Sommer vorm Balkon. Berliner Höfe sind oft fantasievoll begrünt und echte Nachbarschaftstreffpunkte.*

BEHÖRDENGÄNGE

Gratuliere, Ihre Mühe wurde belohnt. Sie haben Ihr Nest gebaut, in einer Gegend, die zu Ihnen passt. Die Formalitäten, d.h. zunächst Ihre Anmeldung, erledigen Sie beim Bürgeramt, das Sie meist im Rathaus Ihres Bezirks finden. Die notwendigen Formulare können Sie vorab aus dem Internet herunterladen: berlin.de/buergeramt. Für allgemeine und alle anderen Fragen: Die Servicenummer 115 ist Ihr direkter Draht in die Berliner Verwaltungen (Mo-Frei, 08.00 -18.00 Uhr).

Bitte beachten Sie, dass Sie sich innerhalb einer Woche nach Beziehen Ihres neuen Domizils anmelden müssen. Ansonsten riskieren Sie einen strengen Blick des zuständigen Beamten, unter Umständen mit einem »Det fällt Ihnen aba früh ein«. Im Klartext: Sie begehen eine Ordnungswidrigkeit, falls Sie diese Frist überschreiten.

Was für Sie gilt, gilt auch für Ihr Auto. Hier die Liste der erforderlichen Unterlagen für die Umschreibung eines Fahrzeuges mit auswärtigem Kennzeichen ohne Halterwechsel (kein ausländisches Kennzeichen):

· Umschreibungsantrag (ausgefüllt mitbringen! Download unter: berlin.de/labo/formulare/formularserver.php?detail=46485, oder kostenlos in den Zulassungsstellen)
· Fahrzeugschein / Zulassungsbescheinigung Teil I
· Fahrzeugbrief / Zulassungsbescheinigung Teil II
· elektronische Versicherungsbestätigung (eVB)
· bisherige Kennzeichenschilder (entfällt bei außer Betrieb gesetztem Fahrzeug)
· Personalausweis oder Pass mit Meldebescheinigung
· Nachweis einer gültigen Hauptuntersuchung gem. § 29 StVZO (HU-Prüfbericht; die Vorlage des Prüfberichts über die letzte Hauptuntersuchung ist nur dann erforderlich, wenn sich die Fälligkeit der nächsten HU nicht aus dem Fahrzeugschein/ ZBI ergibt)
· Bescheinigung über die Abgasuntersuchung für AU-pflichtige Fahrzeuge
· ggf. Vollmacht, einschließlich Personaldokument des Vollmachtgebers

Wenn Sie alle Unterlagen beisammen haben, buchen Sie auf jeden Fall im Internet – berlin.de/labo/kfz/dienstleistungen/index.html – einen Termin, bevor Sie sich zur entsprechenden Zulassungsstelle aufmachen. Ansonsten warten und ärgern Sie sich schwarz. Für Berlin-Lichtenberg können Sie sich auch telefonisch mit dem Sachbearbeiter verabreden (030-90269-3300). Die Zulassungsstelle Kreuzberg in der Jüterboger Straße 3 beschert Ihnen ein Erlebnis der besonderen Art. Sie werden sich möglicherweise ein wenig an die Reeperbahn auf St. Pauli erinnert fühlen, denn viele Menschen machen Ihnen am Eingang und auf der gegenüber liegenden Straßenseite verlockende Angebote verschiedener Natur: Vom superpreiswerten Nummernschild bis zum Gebraucht- oder Neuwagen gibt es ein breites Spektrum. Widerstehen Sie der Versuchung und gehen Sie direkt ins Gebäude. Alternativ können Sie – gegen Zahlung von 40 bis 50 Euro (ohne Behördengebühren!) – Zeit sparen (und auch Ärger), wenn Sie die ganze Anmelderei einem privaten Zulassungsdienst übertragen. Googeln Sie »Auto anmelden Berlin« nach einem Anbieter.

Tipps:

1. Falls Sie es noch nicht wissen sollten: Seit 1. Januar 2008 ist die Berliner Innenstadt (= Gebiet des S-Bahn-Ringes) Umweltzone. Seit 1. Januar 2010 sind nur noch Fahrzeuge mit grüner Feinstaubplakette willkommen. Wenn Ihr Fahrzeug nicht über eine solche Plakette oder über eine fahrzeuggebundene Ausnahmegenehmigung vom Fahrverbot der Berliner Umweltzone verfügt, sind 40 Euro Strafe sowie 1 Punkt auf Ihrem Flensburger Konto das sichere Ergebnis einer Kontrolle. Die Plakette kaufen Sie am besten bei einer der Zulassungsstellen oder online: berlin.de/labo/kfz/dienstleistungen/feinstaubplakette.php

2. Da Sie schon einmal in der Gegend sind, begeben Sie sich in die Schwiebusser Straße 129c und essen in der Kantine des Hauptzollamts, dem »Casino« im Columbiahaus. Das Gebäude gehört zum riesigen Komplex des ehemaligen Flughafens Tempelhof, der Saal der Kantine ist eindrucksvoll: Hoch wie ein Hangar, verströmt er den Charme der 50er Jahre. Montags bis Freitags wird zwischen 7:00 und 15:00 Uhr deutsche Küche in guter Qualität und zu zivilen Preisen serviert.

3. Wenn Sie später einmal innerhalb Berlins umziehen, nehmen Sie Ihren Fahrzeugschein gleich mit zur Meldestelle. Man wird Ihnen dann in einem Rutsch die neue Adresse auch für Ihren PKW eintragen.

ANGEKOMMEN IN ...

DIE 12 STADTBEZIRKE
AUF EINEN BLICK

Um Ihnen die Wahl des für Sie passenden Wohnbezirks zu erleichtern, finden Sie hier eine Kurzcharakterisierung der Verwaltungsbezirke. Bis 2000 gab es davon 23. Diese Zahl wurde ab 2001 durch Fusion von zwei oder drei Bezirken auf zwölf reduziert. Von der Zusammenlegung ausgenommen waren Spandau, Reinickendorf und Neukölln, die bereits über 250 000 Einwohner zählten. Kompatibilität war übrigens bei den Fusionen kein Kriterium. So mussten z.B. Friedrichshain und Kreuzberg eine Zwangsehe eingehen, an der die Einwohner immer noch ganz schön zu knabbern haben. Alle Bezirke haben einen gut gemachten, informativen Internetauftritt, den man über berlin.de/rubrik/politik-und-verwaltung/bezirksaemter/ ansteuern kann. Und in allen Bezirken werden Wochen- und andere Märkte abgehalten, die Sie auf folgender Übersicht finden: berlin.de/sen/wirtschaft/service/maerkte.html

Bezirk	Einwohner (Stand: 07/12)	Fläche/km²	siehe Seite
Charlottenburg-Wilmersdorf	325 622	65	32
Friedrichshain-Kreuzberg	276 304	20	25
Lichtenberg	266 703	52	52
Marzahn-Hellersdorf	254 381	62	50
Mitte	342 764	39	22
Neukölln	320 667	45	44
Pankow	378 691	103	29
Reinickendorf	245 705	89	55
Spandau	230 034	92	35
Steglitz-Zehlendorf	298 483	103	38
Tempelhof-Schöneberg	334 965	53	41
Treptow-Köpenick	245 742	168	47

Quelle: Amt für Statistik Berlin-Brandenburg

< *Großstadtdschungel: Seit der Fusion 2001 gibt es nur noch zwölf Bezirke. Der Berliner aber schwört auf seinen Kiez.*

Mitte: Man braucht nicht viel Phantasie für die Feststellung, dass wir in dem zentralen Bezirk von Berlin sind, der vielfältiger, aber auch gegensätzlicher nicht sein könnte. Zustande gebracht hat ihn die Fusion von Mitte, Tiergarten und Wedding, wobei »Mitte« ein Ortsteil im Bezirk Mitte von Berlin geblieben ist. Diesen Ortsteil und nicht den gesamten Fusionsbezirk meint man auch in Berlin zumeist, wenn man von »Mitte« spricht. Die übrigen Ortsteile sind Gesundbrunnen, Hansaviertel, Moabit, Tiergarten und Wedding.

Die meisten historischen Sehenswürdigkeiten liegen im Ortsteil Mitte, der das alte Berlin umfasst und mit seinen Theatern, Opernhäusern und Museen kultureller Mittelpunkt der Stadt ist. Wedding ist der ehemalige Arbeiterbezirk, in dem heute viele Migranten und sozial Schwächere leben. Tiergarten umfasst nicht nur den gleichnamigen Park, sondern auch Regierungs- und Botschaftsviertel und den Potsdamer Platz. Das rekonstruierte Nikolaiviertel, die Wiege Berlins, dessen Profil weiter geschärft werden soll, bietet ansehnliche Domizile, zentral gelegen und preislich (noch) im Rahmen.

Familien fühlen sich unter anderem wohl in Alt-Mitte, also in der Spandauer Vorstadt zwischen Torstraße und Hackeschem Markt, in der Rosenthaler Vorstadt und auf der Fischerinsel zwischen Spree, Spreekanal und Gertraudenstraße. Künstler und Kreative bevorzugen den südlichen Teil von Moabit und den Wedding. Ganz Betuchte quartieren sich am Gendarmenmarkt ein.

Um den Leopoldplatz im Wedding hat sich ein quirliger Kiez entwickelt, der multi-nationale Urbanität mit allen Licht- und Schattenseiten bietet. Rund um die Afrikanische Straße findet sich Altbau und Reformbau, der erschwingliche Wohnungen für Familien bereit hält. Das Hansaviertel in Tiergarten als lebendiges »Denkmal« für Stadtplanung und Architektur der 1950er Jahre bleibt als Wohnviertel begehrt. Die »Gartenstadt Atlantic« liegt genau gegenüber dem Gesundbrunnen-Center, einem großen Einkaufszentrum im Wedding mit 110 Geschäften. Dort wurden und werden Häuser aus den 1920er Jahren behutsam saniert, um eine Symbiose zwischen Wohnen und Arbeiten zu verwirklichen. Der »Kiez mit Kunst« wird inzwischen auch von Freiberuflern und Familien geschätzt.

Der Bezirk hat aber auch seine Probleme. Vor allem in einigen Vierteln des Wedding, in Moabit und in Tiergarten-Süd ist eine schwierige Situation entstanden: Junge Ausländer, die nicht einmal den Hauptschulabschluss schaffen, dauerarbeitslose Hartz-IV-Empfänger und kinderreiche Familien mit geringem Einkommen bilden eine prekäre Mischung. Das Bezirksamt begegnet den sozialen Problemen in enger Zusammenarbeit mit den Anwohnern sehr engagiert mit derzeit acht Quartiersmanagement-Gebieten, Präventionsmaßnahmen verschiedener Art und Bildungsangeboten. Auch die Menschen in ihren Vierteln sind aktiv geworden, beispielhaft ist eine Initiative verschiedener Religionsgemeinschaften, die 2007 zur Gründung des Vereins »Zentrum für interreligiösen Dialog« führte. Allerdings ist viel Geduld erforderlich, um bleibende Erfolge zu erzielen und die Viertel vor dem Absturz zu bewahren.

Seiner Lage im Zentrum gemäß verfügt der Bezirk über ein sehr engmaschiges Liniennetz des Öffentlichen Nahverkehrs: S- und U-Bahn, viele Straßenbahn- und Buslinien sowie mehrere Regional- und Fernbahnhöfe, darunter der imposante Hauptbahnhof, sorgen für ein hohes Maß an Mobilität zu jeder Tages- und Nachtzeit.

Die beliebtesten Einkaufsmeilen des Bezirks sind die legendäre Friedrichstraße in Mitte, die Boutiquen und noble Kaufhäuser beherbergt, sich aber nach Geschäftsschluss

^ *Achtung, Steinschlag: Auch wenn sich mal ein Eisenträger löst – der Hauptbahnhof gilt als der modernste Bahnhof Europas.*

immer noch schnell entvölkert, die Turmstraße für Tiergarten und die Müllerstraße für den Wedding.

Wer in Berlin »Kultur« sagt, meint vor allen Dingen Mitte. Es gibt keinen Bezirk, der mehr Baudenkmäler, Opern- und Konzerthäuser, Theater, Museen und Gedenkstätten aufzuweisen hätte. In den drei Ortsteilen Mitte, Tiergarten und Wedding findet sich eine beispiellose Konzentration: die Museumsinsel, der Berliner Dom, der Boulevard Unter den Linden mit der Perlenkette der preußischen Staatsarchitektur, das Brandenburger Tor mit dem Pariser Platz, der Gendarmenmarkt mit dem Schinkel'schen Schauspielhaus, dem Deutschen und dem Französischen Dom. In der Nähe des Potsdamer Platzes stehen die Philharmonie und die Neue Nationalgalerie, die immer wieder mit spektakulären Ausstellungen auf sich aufmerksam macht.

Zum Angebot an Kunst und Kultur vielfältigster Art, zu dem auch die stark wachsende Zahl von Künstlern, Designern und Galeristen zählt, tritt die Möglichkeit, das bunte Treiben in der Stadt mit wenigen Schritten zu verlassen, um Erholung im Grünen zu finden: Der Tiergarten ist die größte innerstädtische »Lunge«. Im 70 Hektar großen Volkspark Rehberge gibt es neben Spazier- und Radwegen auch reichlich Liegewiesen, zwei Tiergehege, eine Rodelbahn, Sportplätze

^ *Rechts Französischer Dom, links Schauspielhaus – der Gendarmenmarkt ist einer der schönsten Plätze Deutschlands.*

und eine Freilichtbühne. Der Schillerpark im Wedding und der Humboldthain im Ortsteil Gesundbrunnen sind weitere Oasen. So findet sich im heterogenen Großbezirk Mitte im Guten wie im Schlechten das gesamte »Programm«, das Berlin nicht nur zur Attraktion, sondern zur Herausforderung und Aufgabe für mutige Menschen macht.

berlin.de/ba-mitte

Friedrichshain-Kreuzberg: Mischung pur – das ist hier kein Widerspruch in sich, sondern täglich gelebte Realität. Ossis und Wessis, Deutsche und Ausländer, Familien und Singles: Sie alle sind in diesem Bezirk vereint, leben miteinander. Natürlich gibt es Gegensätze und Spannungen, aber auch viel funktionierendes, nachbarschaftliches, multi-ethnisches Miteinander, welches das besondere Flair dieses Bezirks begründet. Die einstigen Stadtbezirke, getrennt durch die Spree und verbunden nur durch die neugotische Oberbaumbrücke, waren zum Zeitpunkt ihrer Vereinigung 2001 sehr verschieden, haben sich aber in den letzten Jahren deutlich angenähert.

Von der Fläche her handelt es sich um den kleinsten Bezirk Berlins. Dennoch wohnen hier 268 000 Menschen, Tendenz steigend. Die Lage ist wirklich zentral: Im Norden grenzt F.-K. an den Alexanderplatz, die Kreuzberger Seite

^ *Vorne die Alpen, hinten die Ostsee, um die Ecke den Bahnhof Friedrichstraße: Die Hauptstadt bietet wirklich (fast) alles.*

reicht an die alte Mitte Berlins heran, der Westen in die Nähe des Potsdamer Platzes.

Im westlichen Teil des früheren Ost-Bezirks Friedrichs-hain findet man das aus DDR-Zeiten stammende Neubau-gebiet, also »Platte« in Riegelbebauung und Punkthoch-häuser, durchaus aufgelockert und begrünt. Östlich, ab der Warschauer Straße, gibt es Altbau. Sowohl Neu- als auch Alt-bau sind nahezu komplett saniert. Die Neubaugebiete, frü-her von älteren Menschen bevorzugt, werden zunehmend auch für junge Leute interessant. Lage und Infrastruktur sind gut, die Mieten erschwinglich, und der Blick von oben über die Stadt ist für viele attraktiv. Ein beliebtes Viertel ist der Barnim-Kiez (Otto-Braun-Str./Mollstr.) mit Spielplätzen und großzügiger Bebauung, nicht weit vom Volkspark ent-fernt. Die Gegend um den Boxhagener Platz zieht besonders junge Leute an, Ältere trifft man hier kaum noch. Östlich des von den Einheimischen »Boxi« genannten Platzes fin-det man rund um den Traveplatz schön sanierte Altbauten, die allerdings ihren (Miet-)Preis haben. Als Geheimtipp gilt (noch!) das sog. Samariter-Viertel nördlich vom U-Bahnhof Samariterstraße (Bänschstr./Forckenbeckplatz). Der Rudolf-Kiez rund um den Rudolf-Platz, östlich von Oberbaum-City gelegen, hat sich ebenfalls zu einem interessanten Viertel entwickelt. Insgesamt fällt in F. der hohe Anteil an Mehr-

^ *Architektur des Kalten Krieges: Die Karl-Marx-Allee, einst als Sta-linallee erbaut, steht als Gesamtensemble unter Denkmalschutz.*

familienhäusern mit überwiegend preiswerten Wohnungen im Alt- und Neubau auf.

Kreuzberg liegt westlich der Spree und hat allein über 148 000 Einwohner (Stand: Juni 2012), die aus aller Herren Ländern kommen. Die Baustruktur ist gekennzeichnet durch einen hohen Anteil preiswerter Mietwohnungen (Alt- und Neubau), durch stilvoll restaurierte Altbauensembles und eine Konzentration Alt-Berliner Handwerks- und Industriebetriebe in den typischen Vorderhäusern mit Industriehinterhöfen.

Der nordwestliche Teil – die ehemalige südliche Friedrichsstadt – wurde im Zweiten Weltkrieg weitgehend zerstört und weist heute eine lückenhafte, wenig ansprechende Bebauung auf. Interessant ist der Südosten, den die Alteingesessenen heute noch mit der früheren Postleitzahl SO36 bezeichnen. Hier findet sich die markante Bevölkerungsmischung aus Jung und Alt, Deutsch und International, jungen Familien mit Kindern und schrillen Typen. Beispielhaft ist der Wrangel-Kiez zwischen Görlitzer Park und Schlesische Straße. Kleinstädtischer Charakter verbindet sich hier mit multinationalem Flair. Man findet viele kleine Läden, Handwerkerhöfe und Kneipen, Naherholung im Park und an der Spree. SO36 ist sicher auch ein sozialer Brennpunkt mit hohem Ausländeranteil und hoher Arbeitslosigkeit, zugleich aber auch die Heimat vieler Menschen, die alternative Lebensweisen bevorzugen und nachbarschaftlich zusammenhalten.

^ *Rein ins Grüne! Der Friedrichshain samt Mont Klamott mit seinen vielen Freizeitangeboten ist einer der größten Parks in der Stadt.*

F.-K. verfügt in seiner zentralen Lage über eine ausgezeichnete Verkehrs-Infrastruktur mit U-Bahnlinien Ost-West (U 1, U 5, U 7) und Nord-Süd (U 8), einem engmaschigen Busnetz und, in Friedrichshain, mit Tramlinien (M 10, M 13).

Einkaufsmöglichkeiten in Fülle bieten sowohl Friedrichshain als auch Kreuzberg in Form von großen Zentren und kleineren Geschäften. Für größere Anschaffungen tendieren die Friedrichshainer zum Alexanderplatz mit seinem in den letzten Jahren deutlich erweiterten Angebot, während die Kreuzberger, wenn sie nicht in ihren Vierteln kaufen, gerne auch zum Ku'damm und Tauentzien fahren. Die im Bergmann-Kiez liegende Marheineke-Markthalle (Marheineke-Platz) ist nicht nur ein beliebter Markt, sondern zugleich Treffpunkt für die Kiezbewohner. Wochenmärkte in beiden Bezirksteilen sowie die beliebten Floh- und Trödelmärkte vervollständigen das bunte Bild.

Wer sich in F. erholen will, geht in den Volkspark mit ausgedehnten Grünflächen, Freizeiteinrichtungen und einer Freilichtbühne. Der Park bezaubert zudem durch eine besondere Attraktion: den Märchenbrunnen mit Wasserspielen und bekannten Figuren aus den Märchen der Brüder Grimm. Das alljährlich im September stattfindende Märchenbrunnenfest ist vor allem bei jungen Besuchern sehr beliebt. Die Kreuzberger pilgern in den Görlitzer Park oder in den Viktoria-Park und genießen die schöne Jahreszeit im Sommerbad an der Prinzenstraße. Eine besondere Attraktion für ganz Berlin-Brandenburg wurde im Herbst 2008 am Ostbahnhof einge-

^ *Bunte Mischung: Rund um das Kottbusser Tor im ehemaligen SO 36 wohnen vor allem türkische Familien, Studenten und Künstler.*

weiht: die gigantische, von dem US-Milliardär Phil Anschutz finanzierte und O2-World getaufte Mehrzweck-Arena, mit ihren bis zu 17 000 Plätzen eine der modernsten Hallen in Europa, die sich innerhalb weniger Stunden von einem Eishockeystadion in eine Konzerthalle verwandeln lässt.

Kulturell lebt vor allem Kreuzberg seine alternative, kreative Seite auf vielfältige Weise aus. Der jährlich stattfindende Karneval der Kulturen mit Straßenfest, Umzug und Kinderkarneval spiegelt die Vielfalt der Ethnien in der Stadt in Tanz- und Gesangsdarbietungen und ist ein Publikumsmagnet weit über die Stadt hinaus. Unter dem Motto »Kreuzberg jazzt« findet jährlich in der Bergmannstraße das größte Open-Air-Jazzfestival Berlins statt. Das HAU-Theater mit drei Spielstätten, das English Theatre Berlin sowie eine lebendige Off-Theater-Szene und zahlreiche Kultur- und Gedenkstätten wie der Martin-Gropius-Bau, das Jüdische Museum, das Technik-Museum und die Berlinische Galerie tragen zum reichhaltigen Angebot bei.

berlin.de/ba-friedrichshain-kreuzberg

Pankow: besteht aus den historisch gewachsenen Ex-Bezirken Pankow, Prenzlauer Berg und Weißensee und wurde durch die Fusion zum einwohnerstärksten Bezirk Berlins. Der Zuzug in den Bezirk hält an. P. erstreckt sich vom nördlichsten Berliner Zipfel (Buch) bis zur citynahen Torstraße und wird

^ *Vorsicht, Täuschung: keine Shopping-Mall, sondern die alt- ehrwürdige Marheineke-Markthalle nach der Sanierung.*

von der Fläche her nur von Treptow-Köpenick überholt. Auch hier ist die Bandbreite der Besiedlungsformen in den insgesamt 13 Ortsteilen auffallend: Von ländlich-dörflicher Beschaulichkeit bis zum dichtbesiedelten Szeneviertel mit dem entsprechenden Trubel kann man alles finden und haben. Insgesamt gibt es in P. kaum Hochhäuser.

Bundesweit bekannt ist der Prenzlauer Berg, ein unverändert beliebter Szene-Kiez, allerdings mit wenigen Grünflächen. Aus den Mietskasernen des späten 19. Jahrhunderts sind komplett sanierte Altbauten geworden, in die vor allem jüngere Leute und Familien aus vielen Ländern gerne ziehen. An einem Sommerabend herrscht rund um den Kollwitz-Platz mediterrane Atmosphäre. Die Modernisierung hat die Mieten teilweise deutlich in die Höhe getrieben, viele alteingesessene Anwohner haben, auch aus Altersgründen, den Kiez verlassen, der seinen Charakter inzwischen völlig verändert hat: Die neuen Prenzlauer haben nämlich nach und nach auch eine neue Infrastruktur geschaffen, die in puncto Kindererziehung, Lebens- und Freizeitgestaltung ihren Bedürfnissen und Präferenzen entspricht.

Ruhig, grün und schön kann man in Weißensee wohnen, z.B. im Komponistenviertel östlich der Berliner Allee. Nach abgeschlossener Sanierung stehen hier bei guter Infrastruktur 5000 Wohnungen zur Verfügung. Trotz des starken Zuwachses der Bevölkerung hat W. die wenigsten Einwohner im Großbezirk. Südlich von Buch liegt Karow-Nord, das größte Neubau-Projekt Europas, wo auf Ackerland 5500 Wohnungen in fünf- und sechsstöckigen Häusern gebaut wurden. Das Gebiet eignet sich wegen der Grünflachen besonders für Familien mit Kindern. Dank Autobahn und S-Bahn ist man hier auch am Stadtrand nicht abgeschnitten und hat auch vor Ort eigentlich alles, was man zum Leben braucht. Am Faulen See liegt das älteste innerstädtische Naturschutzgebiet.

Ein weiteres attraktives Wohngebiet findet sich fast schon am nördlichen Stadtrand im Ortsteil Französisch-Buchholz, einer Gründung der Hugenotten aus dem 17. Jahrhundert. Hier wurde rund um den alten Dorfkern ein abwechslungsreiches, begrüntes Neubauviertel im Geschosswohnungsbau mit 3500 Wohnungen geschaffen.

Der Ortsteil Niederschönhausen zeichnet sich durch eine ansprechende Bebauung mit alten Villen und Miets-

häusern (1910-1930) aus. Drei große Parks und die Schön-
holzer Heide verleihen ihm ein grünes Gesicht. Gut wohnen
lässt es sich auch rund um den Weißen See (Freilichtbühne
und Freibad) sowie in der Heinrich-Böll-Siedlung zwischen
Schiller- und Dietzgenstraße, einem Musterbeispiel für ge-
lungenes ökologisch-ökonomisches Bauen.

Der Großbezirk Pankow ist gut mit öffentlichen Verkehrsmittel ausgestattet: Die U-Bahnlinie 2 zwischen Ruh-
leben und Pankow sowie die S-Bahnlinien 2 (Bernau-Blan-
kenfelde) und 8 (Birkenwerder-Zeuthen) stellen zusammen
mit etlichen Tram- und Buslinien eine effiziente Versorgung
sicher.

Sehenswertes gibt es neben den Wahrzeichen der früheren Bezirke, dem Schloss Schönhausen in Pankow, dem
Wasserturm in Prenzlauer Berg und dem See mit Fontäne
in Weißensee allerlei: In den zwei großen Arenen, der Max-
Schmeling-Halle und dem Velodrom, wechseln sich internationale Musikstars mit bekannten Sportlern ab. Das Velodrom an der Landsberger Allee ist ein Doppelkomplex aus
Radsporthalle, Austragungsort des Sechstage-Rennens, und
hochmoderner Schwimm- und Sprunghalle. Von besonde-
rem historischem Interesse sind der mit 115 000 Grabstätten
größte Jüdische Friedhof Europas an der Herbert-Baum-
Straße und die deutschlandweit größte Synagoge an der
Rykestraße. Die Berliner Mauer öffnete sich im November
1989 übrigens erstmalig in Prenzlauer Berg, am Grenzüber-
gang Bornholmer Straße.

^ *Idylle im Norden: Der Weiße See und die Gaststätte Milch-
häuschen sind vor allem im Sommer ein beliebter Treffpunkt.*

Einkaufen kann man im Bezirk in modernen Centern, gemütlichen Szeneläden oder auf zahlreichen Märkten, etwa dem stadtbekannten Ökomarkt am Kollwitzplatz oder auf dem ältesten Berliner Wochenmarkt auf dem Pankower Anger. Berlins ältester Biergarten im Prater an der Kastanienallee befindet sich ebenso im Bezirk wie das modernste Klinikum der Stadt in Berlin-Buch, wo auch einer der größten Biotechnologie-Parks in Deutschland entstanden ist. Im Zeiss-Großplanetarium an der Prenzlauer Allee kann man einen künstlichen Sternenhimmel betrachten. Zahlreiche Kinos, Kulturzentren, Schulen und Kindertagesstätten runden das Angebot ab.

berlin.de/ba-pankow

Charlottenburg-Wilmersdorf: war und ist der Mittelpunkt West-Berlins, der klassische City-Bezirk des Westens. Er bietet in puncto Wohnen eine breite Vielfalt von günstigen Sozialwohnungen (Siemensstadt) über ansprechend sanierten Altbau bis zu vornehmen Stadtvillen (Grunewald und Westend am Theodor-Heuss-Platz). Derzeit gibt es etwa 199 000 Haushalte mit insgesamt 326 000 Menschen, was auf einen hohen Anteil an Singles hinweist. Der Altersdurchschnitt liegt höher als in den anderen Bezirken, was auch mit der Zahl der gehobenen

^ *Wie hätten Sie's denn gern? Ob russisch, mexikanisch, indisch, in Prenzlauer Berg finden sich Lokale fast jeglicher Nationalität.*

Seniorenresidenzen zusammenhängt. In Charlottenburg findet man auch funktionierende Beispiele für multinationales Zusammenleben, z.B. rund um den Klausenerplatz.

Charlottenburg, einst größte und reichste Stadt Preußens, wurde 1920 von Berlin eingemeindet. Im Zentrum liegt die nach wie vor meist frequentierte Flaniermeile, der berühmte 3,5 Kilometern lange Kurfürstendamm (»Ku'damm«). Er verbindet die Ortsteile C. und W. In der Konkurrenz mit der neuen alten Mitte der Stadt und mit dem Alexanderplatz als Zentrum im Osten, die C. nach der Wende den Rang abzulaufen drohten, hat sich C. behauptet.

Mit dem Bahnhof Zoo, seit 2006 kein Fernverkehrsbahnhof mehr, hat der Bezirksteil in Stadtgröße immer noch das größte Nahverkehrszentrum Berlins, wo zahlreiche U-, S-Bahn- und Buslinien zusammenkommen.

In C. wird Kultur in jeglicher Spielart großgeschrieben: Hier findet man die größte Oper Berlins (Deutsche Oper), traditionsreiche, populäre Theater (Theater des Westens, Boulevard am Ku'damm) sowie Kleinkunstperlen (Bar jeder Vernunft), bedeutende Museen (Sammlung Berggruen), Baudenkmäler der Preußen (Schloss Charlottenburg) und die größte Freiluftarena der Stadt (Waldbühne, siehe »Unbedingt machen in Berlin«). C. ist Wissenschaftsstandort (Technische Universität, Universität der Künste) und zieht neue Unternehmen im Bereich High-Tech an. Die Messe am Funkturm ist der Austragungsort von Grüner Woche, Internationaler Tourismusbörse (ITB) und Internationaler Funk-

^ *Ehemalige Hohenzollernresidenz: Das Schloss Charlottenburg kann täglich (außer montags) besichtigt werden.*

ausstellung. Die Zukunft des sanierungsbedürftigen Internationalen Congress Centrums (ICC), einer der wichtigsten Tagungsstätten der Welt, ist noch ungewiss. Die Schulen des Bezirks, darunter renommierte Privatschulen, sind über seine Grenzen hinaus gefragt. Im Olympiastadion spielen nicht nur die Kicker von Hertha BSC, sondern auch die Rolling Stones, Robbie Williams oder Herbert Grönemeyer. Schick einkaufen geht man in den kleinen und großen Läden, die C. in großer Zahl und Vielfalt bietet. Erholung vom Alltag findet man am Lietzensee und im Schlosspark Charlottenburg.

Wilmersdorf besteht aus den Ortsteilen Wilmersdorf, Schmargendorf und Grunewald. Dichte Bebauung dominiert im Ostteil, im Westteil die Waldflächen des Forstes Grunewald, der fast die Hälfte von W. bedeckt. Hier geht alles ein wenig beschaulicher und gediegener zu. C. ist gutbürgerlich, aber auch bei Kreativen und Studenten begehrt. W. ist etwas konservativer.

In Schmargendorf, dessen Rathaus das schönste Trauzimmer Berlins besitzt, wohnt man kleinstädtisch, bei durchaus vorhandener städtischer Infrastruktur. Der sogenannte Rheingau um den Rüdesheimer Platz und den Südwestkorso, vor dem Ersten Weltkrieg gebaut, ist seinem Ursprungsmotto »Luft, Licht und Sonne« bis heute treu geblieben.

W. reicht bis an den Ku'damm heran und bietet damit eine attraktive Lage mit schönen alten Häusern, kleinen Geschäften, Restaurants und Kultureinrichtungen (u.a. die

^ *Blick vom Glockenturm aufs Olympiastadion: Die Führung durchs Stadion, Spielstätte von Bundesligist Hertha BSC, lohnt sich.*

Schaubühne am Lehniner Platz). Wer im Grünen und doch nah am Zentrum wohnen will – und über die erforderlichen Mittel verfügt –, zieht gerne in den Grunewald, eine der ersten, aber auch teuersten Wohnadressen der Stadt. Dort hat man dann den gleichnamigen Wald und einige Seen (Halensee, Grunewaldsee) sowie den 115 Meter hohen Teufelsberg mehr oder weniger direkt vor der Haustür. Der Volkspark W. lädt zum Spazierengehen und Joggen ein. Im Winter läuft man Schlittschuh im Horst-Dohm-Eisstadion.

Für beide Bezirksteile gilt: Man kann ruhig und schön wohnen, oft umgeben von Grünflächen und doch citynah. Das alles hat seinen Preis: In beiden Ortsteilen sind Mieten, Haus- und Grundstückspreise im Schnitt deutlich höher als in den meisten anderen Bezirken. Eine Nettokaltmiete für eine schön renovierte Altbauwohnung kann durchaus zwischen 12 und 15 Euro pro m² und Monat kosten.

charlottenburg-wilmersdorf.de

Spandau: ganz im Westen, an der Grenze zum Bundesland Brandenburg, zum Landkreis Havelland und zur Stadt Potsdam, liegt die einst eigenständige Havelstadt, die 1920 zu Berlin kam. Es war keine Liebesheirat und viele Spandauer würden am liebsten die Brücken wieder hochklappen, die den Bezirk mit Restberlin verbinden. Man fühlt sich hier nicht als Großstadtmensch, ist stolz darauf, dass Spandau älter ist als Berlin und pflegt die Liebe zum eigenen Bezirk. Und dieser zeigt in seinen neun unterschiedlichen Ortsteilen viele Gesichter.

Im Zentrum befindet sich die Altstadt. Hier läuft bereits seit 1978 ein groß angelegtes Sanierungsprogramm. Dieses für Berlin einzigartige zusammenhängende historische Viertel hat immer noch eindeutig kleinstädtischen Charakter, Rathaus und Nikolaikirche sind seine Wahrzeichen. Inzwischen gibt es hier kaum noch unsanierte Häuser. In der Fußgängerzone, die fast die gesamte Altstadt umfasst, geht man gerne bummeln.

Im Nordwesten liegt der Ortsteil Hakenfelde, der zu zwei Dritteln vom Spandauer Forst »belegt« wird, einem vielbesuchten, ausgedehnten Naherholungsgebiet. In diesem Orts-

teil wird die Wasserstadt Oberhavel gebaut, ein ehrgeiziges, aber inzwischen in Schwierigkeiten geratenes Projekt des Senats für Stadtentwicklung, nach dessen Abschluss 7500 Wohnungen zur Verfügung stehen sollen. Eine vier Hektar große Brachfläche wurde im Rahmen des Projekts in den Maselakepark verwandelt, eine grüne Oase, erste Adresse für Wassersportler aller Art. Der Ortsteil Staaken ist um den alten Dorfkern herum und im Norden überwiegend durch Einfamilienhaus-Siedlungen und durch die Gartenstadt Staaken geprägt. Im südöstlichen Teil und Neu-Staaken herrschen Großsiedlungen vor, die ab Ende der 1950er bis in die 1970er Jahre in mehreren Bauetappen entstanden.

Idyllisch lebt es sich in den beiden Dörfern Gatow und Kladow im Süden des Bezirks. Auf dem Gebiet des ehemaligen Militärflughafens Gatow – heute ein Museum – wächst die sog. Landstadt mit Baugrundstücken. Vor allem in Kladow, wo es auch einen Golfplatz gibt, hat die hohe Wohn- und Lebensqualität ihren Preis. Es ist ein teures Pflaster, das Künstler und großstadtmüde Berliner anzieht. Einen eigenen Ortsteil im Osten des Bezirks bildet mit rund 12 000 Einwohnern die Siemensstadt, die ursprünglich von der Firma Siemens als Wohnquartier für ihre Mitarbeiter gebaut wurde.

Die Zitadelle, eine mächtige Festungsanlage nordöstlich der Altstadt, ist die eindrucksvollste Sehenswürdigkeit Spandaus und beherbergt das Stadtgeschichtliche Museum. In den gewaltigen Mauern und im daneben gelegenen Frei-

^ Gehört Spandau zu Berlin? Jedenfalls ist es älter als die Stadt selbst. Und der Spandauer zunächst einmal Spandauer und nicht Berliner.

lichttheater finden im Sommer Freiluftkonzerte und Theateraufführungen statt, die Besucher aus ganz Berlin und dem Umland anziehen. Die Erfolgsstory dieser Location zeigt sich auch daran, dass das seit 2006 veranstaltete Citadel Music Festival 2013 wieder mit einem hochkarätigen Programm lockt und rockt. Das Fort Hahneberg im südlichen Teil Staakens ist ebenfalls eine ehemalige Festung, in der heute unter anderem Feste für Kinder und Erwachsene veranstaltet werden. Nicht weit davon kann man im Erholungspark Hahneberg, der höchsten Erhebung im Bezirk, Joggen oder Spazierengehen und im Winter sogar die Rodelbahn benutzen.

Trotz der betonten Selbstständigkeit ist Spandau verkehrstechnisch gut angebunden. Der Bezirk liegt auf halber Strecke zwischen Potsdam und der Mitte Berlins. Vor dem Rathaus befindet sich ein Knotenpunkt des öffentlichen Nahverkehrs mit S- und U-Bahn und vor allem zahlreichen Buslinien, die den gesamten Bezirk durchlaufen. Der S-Bahnhof Spandau ist zugleich Fernbahnhof der Deutschen Bahn.

Hinter dem Bahnhof liegen die Spandau Arcaden, ein Einkaufszentrum mit 125 Geschäften auf vier Etagen. Der Wochenmarkt in der Altstadt wird viermal pro Woche abgehalten, zusätzlich zweimal vor dem Rathaus. Der Weihnachtsmarkt erfreut sich großen Zuspruchs weit über die Bezirksgrenzen hinaus.

Wirtschaftlich und sozialpolitisch ist Spandau in keiner einfachen Situation: Zwar stellt der Bezirk flächenmäßig immer noch den größten Industriestandort dar, aber viele Ar-

^ *Museum und Freilichtbühne: Die Zitadelle Spandau bietet ein Programm von Operntenor bis Patti Smith oder Chemical Brothers.*

beitsplätze in großen Unternehmen wie Siemens sind in den letzten Jahren verloren gegangen. Die Arbeitslosigkeit liegt konstant bei über 13 Prozent, deutlich über dem hohen Gesamtberliner Schnitt, die Zahl der Insolvenzen ist ebenfalls hoch. Zudem hat sich in einigen Quartieren, so in Teilen der Wilhelmstadt, im Falkenhagener Feld und in der Neustadt, sozialer Zündstoff angesammelt: Spannungen zwischen Alteingesessenen und Zugezogenen, die sich oft in Konflikten entladen. Der Bezirk steuert gezielt mit Stadtteilmanagement und mit Projekten entgegen, die z.B. Ordnungshüter und Jugendliche zusammenbringen. Unter anderem wurde im Rathaus ein Büro eingerichtet, in dem das ehrenamtliche Engagement für die Verbesserung des Zusammenlebens koordiniert wird. Die Integration der zahlreichen ausländischen Mitbürger bleibt eine große Aufgabe.

Spandau ist in vieler Hinsicht ein besonderer Bezirk, der seine Probleme offensiv angeht und viele Vorzüge besitzt. Zu letzteren zählen die ausgedehnten Natur-, Grün- und vor allem auch Wasserflächen auf Havel und Spree, die vielen Sport- und Freizeitangebote, die vor historischer Kulisse veranstalteten Kulturevents sowie die rund 800jährige Geschichte des Bezirkes, deren Spuren vielerorts sichtbar und auffindbar sind.

berlin.de/spandau

Steglitz-Zehlendorf: Der von der Fläche her größte westliche Bezirk Berlins liegt im Südwesten der Stadt und gliedert sich in sieben Ortsteile (Wannsee, Dahlem, Nikolassee, Zehlendorf, Lankwitz, Lichterfelde, Steglitz). Er ist vor allem durch seine überwiegend in Zehlendorf gelegenen Grün- und Wasserflächen gekennzeichnet und daher besonders bei Familien mit Kindern, Naturfreunden und Liebhabern des Wassersports beliebt. Der südliche Teil des Grunewalds, der Schlachten- und Nikolassee und die Krumme Lanke, ebenfalls ein Badesee, gehören zu diesem Großbezirk, dessen beide »Teile«, Zehlendorf im Westen und Steglitz im Osten, sich in der Sozialstruktur ähneln.

S.-Z. ist kein Kiez- oder Szenebezirk. Insofern unterscheidet er sich klar von Kreuzberg, Friedrichshain oder Prenzlauer Berg. Wer bunte Kneipen- und Vergnügungsviertel à la

mode sucht, wird hier nicht fündig. Es geht eher ruhig und beschaulich zu.

Größere Industriebetriebe sucht man hier vergeblich, dafür gibt es ein breites Spektrum von mittelständischen Unternehmen, Handwerkern und anderen Dienstleistern, Einzelhändlern und Freiberuflern aller Art. Das Durchschnittseinkommen der Bewohner ist relativ hoch, die Arbeitslosenquote vergleichsweise niedrig. Auch das Durchschnittsalter der Bevölkerung ist überdurchschnittlich hoch, was auch daran liegt, dass viele Senioren hier gerne ihren Lebensabend in den zahlreichen Residenzen verbringen.

Das Mietniveau ist insgesamt eher hoch, im Ortsteil Dahlem zahlt man genauso viel wie im Grunewald. Aber es gibt durchaus, vor allem in Steglitz, günstigere, passable Wohnungen in guter Lage, so z.B. in Lichterfelde oder in Lankwitz. Wählen kann man zwischen meist ansprechend saniertem Altbau und großzügigem Neubau. Die Verkehrsanbindung an die Stadtmitte und nach Potsdam wird von U- und S-Bahn sowie zahlreichen Buslinien übernommen und funktioniert gut: Eine Fahrt z.B. von der schönen Wohngegend rund um den Mexicoplatz in Zehlendorf zum Alexanderplatz dauert nur eine halbe Stunde. Die Versorgung mit Kitas, Schulen und Sportstätten ist üppig.

Universitätsmedizin findet in der Charité Campus Benjamin Franklin statt. Die Freie Universität in Dahlem zieht Studenten aus aller Welt an, die unter anderem im selbst-

^ Idylle am Wannsee: Die Liebermann-Villa und ihr Garten laden zu Ausstellungsbesichtigung und Spaziergehen ein.

verwalteten Studentendorf Schlachtensee Unterkunft und Freizeiteinrichtungen finden (studentendorf-berlin.com).

Einkaufen kann man in der Schloßstraße in Steglitz, die nach einer Phase der Stagnation wieder deutlich an Bedeutung gewonnen hat, nicht zuletzt durch die Eröffnung des Einkaufszentrums »Das Schloss« 2006 und durch den Umbau des Forums Steglitz. Auch im Umfeld des Rathauses Zehlendorf findet man ansprechende, wenn auch kleinere Geschäfte, die ihre Kunden dafür individueller beraten. Bio-Läden mit gutem Angebot gibt es in der Drakestraße in Steglitz und am Teltower Damm in Zehlendorf. Die Domäne Dahlem am U-Bahnhof Dahlem, Freilichtmuseum und Ökodorf zugleich, bietet sonnabends einen Bio-Wochenmarkt.

Der Bezirk wartet mit kulturellen Highlights und geschichtsträchtigen Orten auf: Im 2009 wiedereröffneten Schlosspark Theater gibt man gehobenes Unterhaltungstheater. Das Brücke Museum zeigt die Werke der expressionistischen Maler der gleichnamigen Künstlergruppe, das Museum der Europäischen Kulturen beherbergt eine der größten Sammlungen zur europäischen Kulturgeschichte. Beide Museen befinden sich in Dahlem, einem der schönsten Quartiere Berlins. Die Villa Max Liebermanns liegt direkt am Großen Wannsee und bietet u.a. eine Dauerausstellung mit den am Wannsee entstandenen Werken des Künstlers. An derselben Straße erinnert das Haus der Wannsee-Konferenz an das dunkelste Kapitel der deutschen Geschichte. Das Grab Heinrich von Kleists liegt am Kleinen Wannsee. Im Alliierten-Museum an der Clayallee erfährt man, wie die Berliner Blockade ablief und was in einem Care-Paket enthalten war.

Der besondere Reiz des Bezirks liegt in seinem Freizeit- und Erholungswert: In Dahlem befindet sich z.B. der 43 Hektar große Botanische Garten mit angeschlossenem Museum, der 22 000 Pflanzenarten zeigt. Schloss und Park Glienicke sowie die Pfaueninsel im Ortsteil Wannsee sind beliebte Ausflugsziele der Berliner. Von Zehlendorf aus ist man ebenfalls im Nu am Wasser, kann Badefreuden im berühmten, sanierten Strandbad Wannsee oder am Schlachtensee (gute Wasserqualität) genießen. Der Große Wannsee ist ein Paradies für Segler, Surfer und andere Wassersportler. Von dort aus starten im Sommer auch die Ausflugsdampfer

zu ihren Fahrten in die Innenstadt und nach Brandenburg. Im Winter zieht man seine Schlittschuhbahnen auf der Alten Eisbahn in Lankwitz.

berlin.de/ba-steglitz-zehlendorf

Tempelhof-Schöneberg: Die beiden »Hälften« dieser Zweckgemeinschaft sind höchst unterschiedlich. Wer Flair und Trubel liebt, wird das dichtbesiedelte Schöneberg bevorzugen. Ruhiges Wohnen im Grünen ist eher in Tempelhof geboten, das aus den vier ländlichen Ortsteilen Tempelhof, Mariendorf, Marienfelde und Lichtenrade zusammengewachsen ist. Der Bezirk erstreckt sich von der südlichen Innenstadt Berlins bis zur Südgrenze des Landes Berlin. Diese Lage zwischen Wilmersdorf und Steglitz im Westen, Tiergarten im Norden und Kreuzberg und Neukölln im Osten ist wirklich interessant.

Schönebergs schönstes Viertel ist das Bayerische, zwischen Viktoria-Luise-Platz und Bayerischem Platz. Es ist auch das gefragteste und teuerste. Künstler, Kulturschaffende aller Sparten, Freiberufler und »Dinks« (Double Income No Kids) lassen sich hier gerne nieder. Leerstand gibt es so gut wie gar nicht. Zieht jemand weg, muss er nicht annoncieren, Wohnungen gehen unter der Hand weg. Erfolgversprechender ist die Suche, wenn man sich in südlicher Richtung

^ *Der Flughafen Tempelhof, Sinnbild der Luftbrücke, wurde am 30. Oktober 2008 geschlossen.*

von diesem In-Viertel wegbewegt und in Friedenau rund um den Friedrich-Wilhelm-Platz nach einer hübschen Altbauwohnung fahndet. Hier wohnt man ruhig und doch zentral und hat mit der Rhein- und der Hauptstraße die Einkaufsmeilen vor der Haustür. Um den Winterfeldtplatz hat sich ein familiärer Kiez entwickelt, mit zahlreichen Kneipen, Cafés und Restaurants und einem großen Wochenmarkt, der über die Bezirksgrenzen hinaus bekannt ist.

Rund um den Nollendorfplatz befindet sich – wie schon in den 1920er Jahren – ein Schwulen- und Lesbenkiez. In der Goltzstraße und zwischen Eisenacher und Akazienstraße geht es international zu, vor allem junge Kreative zieht es hierher. Aber auch die weniger schönen Seiten der Großstadt sind in Schöneberg präsent: In der Kurfürstenstraße liegt ein schon historisches Rotlicht-Milieu.

Der Schöneberger Norden war lange Zeit Sorgenkind. Berühmt-berüchtigt: die Wohnanlage Pallasseum, auch Sozialpalast genannt, in der Potsdamer Straße 170. Durch verschiedene bauliche und soziale Maßnahmen wurden die Anlage und ihre Umgebung aufgewertet. Das Quartiersmanagement ist nach wie vor aktiv, um die Situation weiter zu verbessern.

In Tempelhof geht es ruhiger zu. In den Ortsteilen Marienfelde, Mariendorf und Lichtenrade finden Familien bezahlbare Wohnungen und Häuser. Im sog. Fliegerviertel nahe des Flughafens (Manfred-von-Richthofen-Straße u.a.) findet man ruhige Seitenstraßen, in denen Alt- und Neubauwohnungen nebeneinander liegen. Seit Oktober 2008 ist es hier noch stiller, denn der Flughafen hat seinen Betrieb endgültig eingestellt. Was an dessen Stelle tritt und und wie die Riesenfreifläche samt größtem zusammenhängenden Gebäudekomplex Europas genutzt wird, ist erst in Ansätzen erkennbar.

Der öffentliche Nahverkehr in Tempelhof-Schöneberg bildet ein dichtes Netz: Die U-Bahnlinien 2 und 7 fahren west-östlich, die U 4 in Schöneberg von Nord nach Süd. Dazu kommen die Ringbahn und die S-Bahnlinie 1 sowie ein dichtes Busnetz, das auch Nachtschwärmer sicher wieder nach Hause bringt. Mit dem Bahnhof Südkreuz besitzt der Bezirk den zweitgrößten Fernbahnhof der Stadt, zugleich auch Haltestation für Regional- und S-Bahnlinien.

Beim Thema Shopping hält Schöneberg eine starke Trumpfkarte: die Einkaufsmeile Tauentzien, an deren östlichem Ende

sich das berühmte Kaufhaus des Westens (KaDeWe) befindet. Abseits der großen Kaufhäuser gedeiht ein breites Spektrum kleiner Geschäfte mit ausgefallenen Angeboten. In Tempelhof finden sich noch Überbleibsel ländlicher Marktkultur, so z.B. in Alt-Marienfelde der über die Bezirksgrenzen hinaus beliebte Bauernmarkt beim Bauern Lehmann.

Auch in puncto Kultur muss sich der Bezirk nicht verstecken: Im Kulturcentrum »Die Weiße Rose« am Wartburgplatz spielt das »theater strahl« für junge Leute. Das Theater Hans Wurst Nachfahren am Winterfeldtplatz ist ein professionelles Puppentheater, nicht nur für die Kleinen. Im internationalen Kulturzentrum »ufaFabrik« in der Viktoriastraße 10-18 wird ganzjährig ein breitgefächertes Programm geboten. Die Urania am Wittenbergplatz vermittelt einem interessierten Publikum Wissenschaft, Literatur und Kunst in Vorträgen und Aufführungen. Tempelhof Museum und Schöneberg Museum zeigen Regionalgeschichte, im Jugend Museum weht ein frischer museumspädagogischer Wind (museentempelhof-schoeneberg.de). Das neue Projekt »Heimat Berlin« will vor allem die spannende Geschichte der Migration aufarbeiten.

Eine ungewöhnliche Art der Erholung verschafft in der Nähe des S-Bahnhofs Priesterweg der Naturpark Südgelände, ein 18 Hektar großes Gelände, das früher als Rangierbahnhof genutzt wurde: »Das Zusammenspiel von verfallender Technik, wuchernder, an anderen Orten kaum noch

^ *Mittenmang: Vom U-Bahnhof Wittenbergplatz aus ist es ein Katzensprung zu KaDeWe, Urania, Europa-Center, Tauentzien.*

zu findender Vegetation und Kunst ist einmalig in Europa« (aus der Zeitschrift »art«). Etwas konventioneller, aber nicht weniger entspannend sind Spaziergänge im Rudolph-Wilde-Park am Rathaus Schöneberg, in der Parkanlage am Viktoria-Luise-Platz, im Heinrich-von-Kleist-Park im Norden Schönebergs und im Volkspark Schöneberg-Wilmersdorf, der Jogger auf seine 3,8 Kilometern lange Laufstrecke einlädt.

Schöneberg feiert gerne und gut. Jedes Jahr findet im Juni mit dem Schwul-Lesbischen Stadtfest eines der größten Homosexuellen-Straßenfeste Europas statt, das Tausende Besucher anzieht und sich zu einer Touristenattraktion entwickelt hat. Im Rudolf-Wilde-Park gibt es das Mai- und Spargelfest, in der Akazienstraße im Herbst das Kürbisfest, in Lichtenrade im September das Wein- und Winzerfest, im Dezember das Lichterfest und einen urigen Weihnachtsmarkt. Auch die Trabrennbahn Mariendorf bietet mit einem vielfältigen Renn- und Rahmenprogramm spannende Unterhaltung für Jung und Alt, z.B. beim jährlichen Bezirksrenntag im September. Schließlich ist der Internationale Kulturlustgarten im Volkspark Mariendorf, der an vier Tagen ein abwechslungsreiches Unterhaltungsprogramm bietet, eine der größten Open-Air-Veranstaltungen in Berlin.

berlin.de/ba-tempelhof-schoeneberg

Neukölln: ein Bezirk, über den man sich leider meist nur in Klischees verständigt. Die Reduzierung auf seine (nicht zu verleugnenden) Probleme mit der Integration ausländischer Bewohner ist ungerecht. Immerhin leben hier über 321 000 Menschen aus 160 Nationen zusammen, nicht immer ohne Reibungen zwar, aber in der Summe doch einigermaßen friedlich.

Das bunte Treiben unterschiedlichster Ethnien konzentriert sich auf den Norden des Bezirks. Hier wohnt die Hälfte der Bezirksbevölkerung, allerdings sehr dicht auf einer Fläche, die nur halb so groß ist wie der südliche Bezirksteil. Im Reuter-Kiez im Nordosten hat das Quartiersmanagement mit systematischen Bemühungen, problematische Stadtviertel aufzubrechen und soziale Brennpunkte zu entschärfen,

Früchte gezeigt. Inzwischen ziehen Künstler und Kreative, Studenten, Paare und Singles hierher, die das Vielvölker-Flair und die günstigen Mieten schätzen. Rund um den Reuterplatz hat sich eine lebendige Szene mit Gastronomie, Geschäften und Kleinkunstbühnen entwickelt. Nicht weit davon entfernt findet am Maybachufer zwischen dem Kottbusser Damm und der Schinkestraße zweimal in der Woche Berlins größter Wochenmarkt statt. Über 120 Händler und Besucher aller Nationalitäten machen den »Türkenmarkt« zu einem besonderen Einkaufserlebnis.

Zwischen Karl-Marx-Straße und Sonnenallee liegt ein weiteres Viertel, in das Bewegung gekommen ist: Rixdorf mit dem Richardplatz im Zentrum. Häuser aus verschiedenen Epochen, gewachsene und verdichtete Altbausubstanz bilden ein abwechslungsreiches Bild. Das Wohngebiet Alt-Rixdorf hat mit seinen verwinkelten Gassen und den vielen kleineren Geschäften eine eigene Atmosphäre. Auf dem Richardplatz findet am zweiten Adventswochenende der beliebte Rixdorfer Weihnachtsmarkt statt. An der Sonnenallee liegt auch das Estrel Hotel und Convention Center, das nicht nur Deutschlands größtes Hotel, sondern auch Kongress- und Veranstaltungszentrum ist.

Für Familien mit Kindern eignet sich insgesamt eher der Süden des Bezirks. Dort liegen mit Britz, Buckow und

^ *Da guckst du! Neukölln ist nicht nur der Bezirk der Türken und Araber, sondern beherbergt die meisten Nationalitäten in der Stadt.*

Rudow drei ruhigere, grüne Ortsteile, deren dörflicher Charakter immer noch spürbar ist. Der 90 Hektar große Britzer Garten, ehemals Gelände der Bundesgartenschau, bietet mit seinen Seen, seinen Wasserspielplätzen und seinen zahlreichen Freiluft-Veranstaltungen beides: Natur und Kultur. Im Osten von N. befindet sich entlang der Grenze zum Bezirk Treptow-Köpenick ein Lieblingsziel für Radfahrer und Skater: der Mauerweg, eine asphaltierte Strecke, die den Verlauf der Berliner Mauer nachzeichnet.

Die Entwicklung der Mieten verläuft – wie auch in vielen anderen Bezirken der Stadt – in Neukölln nicht einheitlich. Ein Blick in den Mietspiegel verschafft bei der Suche vorab Orientierung (s. S. 16). Beim Gebiet östlich des ehemaligen Flughafens Tempelhof zeichnet sich eine Aufwertung ab, die die Preise für Wohnungen und Grundstücke in die Höhe treiben könnte. Ähnlich verläuft die Entwicklung im Süden des Bezirks, wo der Bau des neuen Großflughafens schon jetzt das Interesse von Dienstleistern aller Art hervorgerufen hat. Es besteht begründete Hoffnung, dass durch Ansiedlung entsprechender Unternehmen nicht nur Brachen gefüllt, sondern auch dringend benötigte Arbeitsplätze geschaffen werden.

In Neukölln kommt man schnell voran. Die U-Bahnlinie 7 durchquert den Bezirk von Norden nach Süden und sorgt auch für eine gute Verbindung nach Westen, die U 8 verbindet zwischen dem Neuköllner Hermannplatz und der Station Wittenau im Bezirk Reinickendorf die gesamte Stadt in nord-südlicher Richtung. Mit der sog. Ringbahn der S-Bahn (s. S. 14) in Richtung West-Ost bzw. Ost-West besteht eine effiziente Anbindung an weitere Knotenpunkte des öffentlichen Nahverkehrs. Buslinien stellen die Verbindung der Randviertel mit dem Bezirkszentrum sicher. Auf der Stadtautobahn A 100, die seit 2008 bis nach Schönefeld führt, fährt man bequem und schnell von Neukölln aus bis nach Tegel durch die Stadt und, außerhalb der notorischen Stauzeiten im Berufsverkehr, auch genauso wieder zurück.

Die Gropius-Passagen an der Johannisthaler Chaussee mit 180 Fachgeschäften, Fachmärkten, Modeboutiquen, Restaurants, Cafés und Kinos auf 85 000 Quadratmetern sind das größte zusammenhängende Einkaufszentrum Berlins, das auch viele Besucher aus dem Umland Berlins anlockt.

Ein kulturelles Highlight für ganz Berlin sind die »48 Stunden Neukölln«, ein langes Wochenende im Juni mit Kunst und Kultur aus allen Bereichen und an den unterschiedlichsten Standorten. Die Neuköllner Oper in der Karl-Marx-Straße ist ein beliebtes Off-Theater, das immer wieder mit originellen Opern- und Theateraufführungen überrascht und über den Bezirk hinaus bekannt geworden ist. Das Schloss Britz im gleichnamigen Ortsteil gilt als Perle des Bezirks. Konzerte (Klassik, Jazz) und Ausstellungen, im Sommer wie im Winter, machen das Schloss zu einem gern besuchten Kulturzentrum.

Berlin.de/ba-neukoelln

Treptow-Köpenick: Dieser mit 15 Ortsteilen Berlins größte und zugleich am dünnsten besiedelte Bezirk liegt ganz im Südosten. Etwa drei Viertel des Areals bestehen aus Wasser, Wald und Parks. Die Vielfalt beim Wohnen ist groß: Von anspruchsvoll sanierten Altbauten bis zu familienfreundlichen Wohnungen in Neubaugebieten reicht die Auswahl für Familien, Singles und Senioren. Letztere fühlen sich besonders wohl in diesem Bezirk: Hier leben berlinweit die meisten Menschen über fünfzig, jüngere Leute sind klar in der

^ *Auch das ist Neukölln: Schloss Britz, Kulturzentrum mit tollem Musikprogramm und wechselnden Ausstellungen.*

Minderheit. Noch. Denn um den Zuzug junger Menschen wird geworben.

Treptow ist deutlich dichter besiedelt als Köpenick. Zum Stadtzentrum hin überwiegt eine großstädtische Bebauung mit Mehrfamilienhäusern. Hier lassen sich noch relativ preiswerte Altbauwohnungen finden. Im Ortsteil Altglienicke bestimmen ansehnliche Einfamilienhäuser und variantenreiche Neubaugebiete das Bild. Nach Bohnsdorf im Süden Treptows, wo die »Tuschkasten-Siedlung« des Architekten Bruno Taut vollständig saniert wurde, ziehen gerne Familien mit Kindern.

Für Köpenick charakteristisch ist die Vielfalt im Erscheinungsbild der Ortsteile, die ihre spezifische Struktur und Bebauung größtenteils bewahrt haben. Der Ortsteil Müggelheim gilt als »grüne Adresse« Berlins und ist als Wohn- und Erholungsort abseits vom Trubel der Großstadt gefragt. Hier sind in den letzten Jahren eine Vielzahl neuer Eigenheime gebaut worden. Im Kommen ist Oberschöneweide im Nordwesten Köpenicks, wo neue Wohnungen gebaut und die vorhandenen Altbauten saniert werden. Man muss hier aber genau hinsehen, denn der Strukturwandel in diesem Ortsteil war rasant und ist noch im Gang. Im Ortsteil Friedrichshagen, der außergewöhnliche Geschäfte und Lokale aufweist, hat eine Art Bohème Fuß gefasst und zieht nicht

^ *Heldengedenkpark: Das Sowjetische Ehrenmal in Treptow – unmittelbar nach dem Krieg errichtet – steht unter Denkmalschutz.*

© Foto: Berlin-Motive.de

nur Lebenskünstler an. Rahnsdorf hat seinen dörflichen Charakter behalten und wird heute von alten Villen, adretten Landhäusern und neuen Einfamilienhäusern geprägt. Ganz exklusiv: Hessenwinkel im äußersten Osten, wo man vorwiegend im Eigenheim lebt.

Wer seinen Lebensmittelpunkt in Treptow-Köpenick setzt, sucht und schätzt Natur, Ruhe und einen etwas gemächlicheren Rhythmus. Er nimmt dafür die Entfernung zum Stadtzentrum in Kauf, die sich allerdings problemlos überwinden lässt. Dafür sorgen sowohl die neue Autobahn A 113, die den Bezirk auch direkt mit dem neuen Flughafen Berlin-Brandenburg (BER) verbinden wird, als auch die öffentlichen Transportmittel. Verkehrsmäßig ist der Bezirk Treptow-Köpenick in der Tat gut erschlossen. Es besteht eine funktionierende Anbindung an Wasserwege und Schienennetze. Das dichte Nahverkehrsnetz mit der S-Bahn sowie mehreren Buslinien und verschiedenen Linien der Straßenbahn verbindet die Wohn- und Gewerbegebiete des Bezirkes sowohl mit den anderen Stadtbezirken als auch mit dem Brandenburger Umland.

Auch für Kulturbeflissene bietet der Bezirk einiges: Das Köpenicker Jazzfestival in der denkmalgeschützten Altstadt auf der Insel hat sich zu einem Treffpunkt vieler Fans aus allen Himmelsrichtungen entwickelt. Das Schloss Köpenick als Museum der Raumkunst aus Renaissance, Barock

^ *Pack die Badehose ein: Baden und sonnen lässt es sich im und auf dem Badeschiff Treptow, gleich hinter der Arena.*

und Rokoko, zwei Heimatmuseen, etliche Bibliotheken, das Stadttheater Cöpenick, ein Kinder- und Jugendzirkus sowie Kleinkunst-Bühnen und zahlreiche Galerien bilden ein vielfältiges Spektrum.

Zum Großeinkauf fährt man in eines der drei großen Zentren in Köpenick (Forum), Treptow (Park Center) und Schöneweide (Zentrum) oder nutzt das individuellere Angebot kleinerer Geschäfte, z.B. in der Bölschestraße in Friedrichshagen, einem ein Kilometer langen Einkaufsboulevard mit vielen Läden, Restaurants und historischer Architektur. Wochenmärkte in vielen Ortsteilen tragen mit frischen Produkten auch aus dem Umland zur Angebotsvielfalt bei.

Das Pfund, mit dem der Bezirk wie kein anderer in Berlin wuchern kann, liegt allerdings weder im kulturellen noch im kommerziellen Bereich – es sind die Wasser- und Grünflächen. Der Müggelsee ist mit 7,7 km^2 Berlins größter See und ein Paradies für Wassersportler aller Art. Sein Ufer ist fast vollständig von Wald gesäumt. Im Volkspark Wuhlheide befindet sich ein großes Sport- und Freizeitgelände (FEZ) mit speziellen Angeboten für Kinder und Jugendliche. Der Treptower Park ist nach dem Tiergarten die zweitgrößte öffentliche Parkanlage Berlins mit ausgedehnten Spiel- und Liegewiesen und liebevoll gepflegter historischer Gartenarchitektur.

Und natürlich gibt es auch ihn zu besichtigen: Dem berühmten Hauptmann von Köpenick ist im Rathaus in der Altstadt eine Dauerausstellung gewidmet.

berlin.de/ba-treptow-koepenick

Marzahn-Hellersdorf: liegt am nordöstlichen Rand von Berlin und umfasst neun Stadtteile. 2001 wurden hier die jüngsten der Ex-Ost-Berliner-Bezirke vereint. Beide waren zunächst keine eigenständigen Bezirke, sondern gehörten zu Lichtenberg.

Marzahn war und ist ein ausgedehntes Plattenbau-Konglomerat, wegen großen Wohnbedarfs zwischen 1975-77 schnell hochgezogen. Auch in Hellersdorf gibt es »Platte«, aber auch zunehmend mehr Eigenheime, Ein- und Zwei-Familienhäuser, von den Einheimischen »Siedlungsgebiet« genannt. In den Großsiedlungen leben immer noch fast zwei Drittel der insgesamt 250 000 Einwohner, unter ihnen auch

20 000 Russlanddeutsche. Das Bild vom gesichtslosen Ein-
heitshochhaus stimmt indes nicht mehr. 90 Prozent des Plat-
tenbaubestandes sind saniert und modernisiert (oder auch
abgerissen). Zehnstöckige Häuser wurden um die Hälfte
ihrer Stockwerke reduziert, die Wohnungen vergrößert und
teilweise speziell für Senioren umgebaut, Balkone angebaut
und Fassaden neu isoliert und verschönert.

Es muss aber nicht unbedingt Platte sein. Man hat, vor
allem in Hellersdorf, ein gutes Angebot an Wohnungen in
kleineren Einheiten und für ein eigenes Häuschen. Die Mieten sind hier im Vergleich zu den West-Bezirken im Durchschnitt (teilweise deutlich) niedriger. Hübsche drei Zimmer
mit Bad auf 80 m² (»Ostdeutsch«: Drei-Raum-Wohnung) kann
man hier noch für 550 Euro warm im Monat mieten. Besonders attraktiv sind im Süden des Bezirks die Ortsteile Bies-
dorf, Mahlsdorf und Kaulsdorf, wo viele alte Häuser instand-
gesetzt und modernisiert wurden.

Überhaupt sieht man in diesem Bezirk, dass man sich
besser von den alten Ost-Klischees verabschiedet und sich
mit offenen Augen in der ehemaligen Hauptstadt der DDR
umtut. Es hat sich in den letzten Jahren nämlich allerhand
getan. Die Infrastruktur hat sich stark entwickelt: Die »Helle
Mitte«, Sitz des Bezirksamtes, ist ein Gebiet mit vielen Ge-

^ *Bali in Marzahn: Allein die Gärten der Welt im Erholungspark sind einen Besuch des Plattenbaubezirks wert.*

schäften, Lokalen und sonstigem »Amüsemang«. Mit dem Eastgate besitzt der Bezirk das größte Einkaufszentrum im Osten Berlins. Der Erholungspark Marzahn ist mit weitläufigen Spiel- und Liegewiesen die grüne Oase eines dicht besiedelten Bezirkes. Die Gärten der Welt im Park sind ein Besuchermagnet. Im Wuhletal, dem größten Landschaftsgebiet des Bezirks, wird seit mehreren Jahren ein 20 Kilometer langer Wanderweg ausgebaut, der sowohl für Familien mit Kinderwagen als auch für Rad- und Rollstuhlfahrer zugänglich ist.

M.-H. ist familienfreundlich und hat ein gutes Angebot an Kitas, Schulen und Sport-und Freizeiteinrichtungen für Kinder und Jugendliche. Mit seinen 15 Prozent Grün- und Freiflächen wird der Bezirk in Berlin nur noch von Treptow-Köpenick und Reinickendorf übertroffen. Das Freizeitforum Marzahn bietet neben einer großen Bibliothek eine Studiobühne, Klubräume sowie eine Sport- und Schwimmhalle mit Sauna. Im Forum geben sich Künstler verschiedenster Genres das ganze Jahr über ein Stelldichein.

Die Anbindung an die Stadtmitte ist durch U- und S-Bahn sowie Buslinien gesichert. Eine gewisse Entfernung zur Stadtmitte muss man allerdings in Kauf nehmen. Eine Fahrt mit der U-Bahn von der Haltestelle Hellersdorf bis zum Alexanderplatz dauert ca. 30 Minuten.

Die Situation am Arbeitsmarkt bessert sich hier langsam, die Arbeitslosenquote lag Ende 2012 aber immer noch bei über 11 Prozent. Und immer noch wandern vor allem junge Leute ab. Rechtsextreme Rattenfänger, die auch den Einzug in die Bezirksverordnetenversammlung geschafft haben, nutzen die Misere für ihre Zwecke aus. Der Bezirk setzt Bildungsarbeit an den Schulen und spezielle Projekte für Jugendliche dagegen.

berlin.de/ba-marzahn-hellersdorf

Lichtenberg: entstanden durch Fusion von Lichtenberg und Hohenschönhausen, zwei ehemaligen Bezirken von Ost-Berlin. Viele Berliner sind schnell mit Vorurteilen bei der Hand: Das Klischee von den anonymen Plattenbauten und dem verschlafenen Kleinstadtmilieu stimmt aber so nicht mehr, obwohl man dem Bezirk teilweise anmerkt, dass er in

den 70er und 80er Jahren auf dem Reißbrett entstanden ist. Zwischen den Plattensiedlungen liegen Parks und Seen und in vielen Ortsteilen hat sich die Wohn- und Lebensqualität durch Sanierungsmaßnahmen in den letzten Jahren deutlich verbessert. Der Reiz von Lichtenberg liegt im Nebeneinander von Dörfern, Großsiedlungen, Villen-Gegenden und Altbaugebieten. Wohnungen hat L. fast in jeder Lage, Qualität, Größe und Miethöhe zu bieten.

Getrennt werden die beiden Bezirksteile durch die Landsberger Allee. Im Norden liegt Lichtenberg mit den Ortsteilen Malchow, Wartenberg und Falkenberg, drei früheren Dörfern an der Grenze zu Brandenburg. In der Eigenheimsiedlung »Kirschgarten« mit Doppel- und Reihenhäusern hat man geschützte Naturräume, Wander- und Radwege, aber auch den S-Bahnhof Wartenberg und das Einkaufszentrum Linden-Center in Reichweite. Südlich davon stehen die Hochhäuser von Neu-Hohenschönhausen und die sanierten Plattenbauten von Hohenschönhausen. Wem diese Wohnform behagt, findet hier Sechs- und Elfgeschosser, die innen und außen komplett saniert wurden, reichlich Grün zwischen den Häusern, Schulen und Kitas, Einkaufszentren, Bibliotheken und Galerien.

Wer nicht ganz so hoch hinaus will, hat eine gute Auswahl an anderen, kleineren Wohngebieten: z.B. den Viktoriakiez zwischen Nöldnerstraße und Kuhgraben, nicht weit

^ *Sommerattraktion: Rudern auf dem Fennpfuhl am Anton-Saefkow-Platz, mit Blick auf Lichtenberger Skyline.*

von der S-Bahnlinie 3; die sanierte Splanemann-Siedlung in Friedrichsfelde; die Roeder-Siedlung in der Karl-Lade-Straße; das Castello, ein schöner Wohnkomplex aus den 90er Jahren an der Landsberger Allee, oder – Wohnen am Wasser – die Rummelsburger Bucht.

In Karlshorst liegt zwischen der Treskowallee und dem Blockdammweg das Prinzenviertel, einst die vornehmste Gegend des Ortsteils mit Villen im Landhausstil, heute eine ruhige, familienfreundliche Lage mit guter Anbindung zur Stadtmitte (Alexanderplatz). Auch auf der anderen, östlichen Seite des S-Bahnhofs lässt es sich im Grünen gut leben.

Verkehrstechnisch ist L. durch die U-Bahnlinie 5 zwischen Alexanderplatz und Hönow sowie durch die S-Bahn 75 (Wartenberg – Spandau), die Ringbahn und die S 3 (Ostbahnhof – Erkner) gut ausgestattet. Bus- und Straßenbahnlinien sorgen für zusätzliche Mobilität in den Randbezirken.

In L. geht es auch tierisch gut zu: Der Tierpark Friedrichsfelde ist mit 160 Hektar einer der größten Zoologischen Gärten der Welt mit Tieren aus sechs Kontinenten, zu jeder Jahreszeit einen Besuch wert. Im Bärenzwinger direkt neben dem Eingang kann man Original Berliner Bären – lebend natürlich – bewundern (die beiden Exemplare im Zwinger neben dem Märkischen Museum werden 2013 umgesiedelt). Europas größtes Tierheim mit großem Hundeauslaufgebiet und Tierklinik steht in Falkenberg. Auf der Trabrennbahn Karlshorst finden neben den Pferderennen auch regelmäßig interessante Konzerte und Sportfeste statt.

Mit dem Theater an der Parkaue hat L. das einzige staatliche Jugendtheater in Berlin, außerdem drei weitere Theater und vier Bibliotheken. Im Schloss Friedrichsfelde (im Tierpark) bekommt man regelmäßig klassische Musik geboten. Das Museum Lichtenberg im Stadthaus und das Deutsch-Russische Museum in Karlshorst runden das kulturelle Angebot des Bezirks ab. Die Stiftung Gedenkstätte Berlin-Hohenschönhausen veranstaltet Führungen durch das ehemalige zentrale Untersuchungsgefängnis der DDR.

Sport wird in Lichtenberg großgeschrieben: Über 100 Sportvereine halten Angebote von Aerobic bis Yoga bereit. Schlittschuh läuft man im Sportforum Hohenschönhausen, nach wie vor Stützpunkt für jetzige und künftige Leistungssportler, oder auf dem zugefrorenen Orankesee.

Lichtenberg hat ein Problem mit Rechtsradikalen. Die NPD sitzt – wie in Treptow-Köpenick und Marzahn-Hellersdorf – in der Bezirksverordneten-Versammlung. Traurige Berühmtheit hat der Weitling-Kiez südlich des S-/U-Bahnhofs Lichtenberg erlangt. Vor allem dort verüben Neonazis regelmäßig Überfälle auf Ausländer und Linke. Die Koordinierungsstelle für Vielfaltprojekte bündelt die Gegenwehr. Auch die Verantwortlichen des Bezirks, teilweise im Verbund mit Gewerbetreibenden und den Anwohnern, treten gewalttätigen Neonazis auf verschiedene Weise entgegen. Die Arbeitslosigkeit im Bezirk (Oktober 2012: 10,7 Prozent) schafft aber einen Nährboden für rechtsradikalen Kampagnen, gegen den man nur gezielt und geduldig arbeiten kann.

Positiv: Lichtenberg war Vorreiter in Sachen Bürgerbeteiligung. Die Bewohner können Vorschläge zum Bezirkshaushalt machen und so darüber mitbestimmen, wofür das Geld ausgegeben wird, das für Bibliotheken, Sportstätten, Senioreneinrichtungen, Volkshochschule, Kultur oder Umwelt zur Verfügung steht.

berlin.de/ba-lichtenberg

Reinickendorf: liegt am nordwestlichen Rand Berlins und besteht aus zehn Ortsteilen. Auch dieser Bezirk ist baulich gesehen äußerst vielfältig, teilweise sehr gegensätzlich.

In Hermsdorf, Frohnau und Heiligensee stehen schöne Villen und Landhäuser. Die Viertel um die Auguste-Victoria-Allee und die Residenzstraße im Ortsteil Reinickendorf sind dicht besiedelt und teilweise sozial schwierig. In Reinickendorf liegen außerdem die Siedlung Weiße Stadt, ein Beispiel für den sozialen Wohnungsbau im Stil der Neuen Sachlichkeit, sowie das vieldiskutierte Märkische Viertel, die erste Großbausiedlung West-Berlins, in der heute über 35 000 Menschen wohnen, nach eigenem Bekunden zufrieden.

Eine Idylle ist Lübars, ein Dorf mitten in der Stadt, mit Dorfanger, Bauern- und Reiterhöfen. Im Ortskern von Tegel findet man schöne Altbauwohnungen. Der Tegeler Hafen mit den IBA-Bauten (Internationale Bauausstellung) ist eine gefragte Wohnadresse. In den restlichen Ortsteilen ist das Bild überwiegend von Einfamilienhäusern geprägt.

Viele Neuberliner werden ihren ersten Kontakt mit Berlin auf absehbare Zeit noch in Reinickendorf knüpfen, denn in diesem Bezirk liegt der Flughafen Tegel, beliebt bei Fluggesellschaften und bei Passagieren, die von hier aus schnell in die Stadt kommen. Seine großen Tage sind mit der Fertigstellung des neuen Willy-Brandt-Flughafens in Schönefeld (kurz »BER«) – geplante (aber fragliche) Inbetriebnahme: Oktober 2013 – gezählt. Auf dem Gelände soll dann ein großer Industriepark mit Zukunftstechnologien entstehen.

Reinickendorf ist ein grüner Bezirk und eignet sich gut für Familien mit Kindern. Mehr als ein Fünftel des Bezirks sind mit Wald bedeckt, knapp zehn Prozent der Fläche nehmen Flüsse und Seen ein. Im Tegeler Forst tummeln sich auf zahlreichen Wegen Wanderer und Radfahrer. Viele Touren verbinden Reinickendorf mit dem Umland und den angrenzenden Bezirken. Wassersportlern bietet der Tegeler See auf 4,6 km² eine Vielzahl von Möglichkeiten. Rund um den See machen Ausflugslokale, Bootshäuser und Hafen die zweitgrößte Wasserfläche Berlins zu einem begehrten Erholungsgebiet für ganz Berlin.

Der Bezirk ist vor allem durch die Autobahn A 111 und die Bundesstraße 96 gut in das Verkehrsnetz der Stadt eingebunden. Aber auch ohne fahrbaren Untersatz ist man dank des dichten ÖPNV-Netzes mobil: Die U-Bahnlinien 6 und 8 sowie die S-Bahnlinien 1 und 25 durchqueren Reinickendorf, die U 9 reicht an ihrer Endstation nahe an Reinickendorf-Ost heran, der hübsche Ortsteil Konradshöhe ist durch Busverkehr angebunden.

In Reinickendorf sind einige namhafte Firmen wie Motorola, MAN, Borsig oder Oracle ansässig. Der Bezirk fördert die Ansiedlung mittelständischer Unternehmen, wie etwa an der Holzhauser Straße. Die Wirtschaftskraft der Einwohner liegt über dem Berliner Durchschnitt, die Arbeitslosigkeit aber auch, und zwar deutlich (Oktober 2012: 13,4 Prozent).

Das größte Einkaufsgebiet des Bezirks liegt am U-Bahnhof Alt-Tegel mit über 200 Einzelhändlern. Das Areal, das auch die Markthalle an der Gorkistraße beherbergt, reicht bis zum Shoppingcenter »Hallen am Borsigturm«. Im Märkischen Viertel hat sich mit dem Märkischen Zentrum ebenfalls eine beliebte Einkaufsadresse etabliert. In Frohnau

finden Kunsthandwerker-Märkte statt, deren Beliebtheit die Stadtgrenzen überschreitet. Die Bummelmeile des Ortsteils Hermsdorf liegt in der Heinsestraße.

Kulturell wartet Reinickendorf mit einer Reihe ansprechender Angebote auf: Am Tegeler Hafen befindet sich die große Humboldt-Bibliothek, die auch für Lesungen, Konzerte und Ausstellungen genutzt wird. Das Heimatmuseum Reinickendorf zeigt in seiner Dauerausstellung die interessante Geschichte der Region und des Bezirks. Mit dem Atrium im Märkischen Viertel besitzt der Bezirk die größte Jugendkunstschule Berlins mit Veranstaltungs- und Kursangeboten in den Bereichen Bildende Kunst, Literatur, Theater, Tanz und Medien. Das Fontane-Haus, ebenfalls im Märkischen Viertel, ist ein multifunktionales Veranstaltungszentrum mit einem zentralen Saal, der bis zu 1000 Besucher aufnehmen kann. Konzerte vielfältiger Art werden auch im Ernst-Reuter-Saal im Rathaus Reinickendorf veranstaltet. Kleinkunst-Bühnen, Galerien und zahlreiche öffentliche Bildungs- und Freizeiteinrichtungen runden das umfangreiche Angebot ab.

Reinickendorf wurde nach dem Zweiten Weltkrieg Zentrum der französischen Besatzungsarmee. Heute noch kann man in den Grundschulen des Bezirks Französisch als erste und Englisch als zweite Fremdsprache lernen.

reinickendorf.de

^ *Damals in Alt-Reinickendorf: Hier scheint die Zeit stehengeblieben zu sein.*

FEIND-BERÜHRUNG

DER BERLINER UND
WIE MAN IHM BEGEGNET

Früher oder später werden Sie auf ihn treffen. Zeigen Sie sich nachsichtig, seien Sie milde und gelassen, reizen Sie ihn nicht. Schließlich hat er viel mitgemacht, alles in allem gesehen, in den letzten 800 Jahren. Und hat sich trotzdem nicht unterkriegen lassen. Im Gegenteil: Er ist am liebsten seinem Nächsten über. Sein Sprachwitz und seine Schlagfertigkeit sind keine Erfindung. Seine harsche Ungeduld und laute Aufgeregtheit leider auch nicht. In seinen Adern fließen laut Meyers Konversations-Lexikon aus dem Jahre 1890 37 Prozent germanisches, 39 Prozent romanisches und 24 Prozent slawisches Blut. Aus dieser brisanten Mischung soll sich der eigentliche Typus entwickelt haben. Ja, doch, trotz aller Zuwanderung, es gibt sie noch in Berlin: den Berliner und die Berlinerin. *»Es lebt dort, wie ich an allem merke, ein so verwegner Menschenschlag beisammen, daß man mit der Delikatesse nicht weit reicht, sondern daß man Haare auf den Zähnen haben und mitunter etwas grob sein muß, um sich über Wasser zu halten.«* Dieses Rezept von Geheimrat Goethe ist übrigens nicht das Schlechteste.

Tipp:
Sie werden am Anfang wahrscheinlich ihre Schwierigkeiten mit der Mentalität der Eingeborenen haben. Während man Ihnen in Ihrer Heimat in Geschäften, Restaurants, Kneipen, aber auch auf dem Amt oder beim Arzt zumindest mit einem gewissen Basis-Wohlwollen begegnete, herrscht hier vielfach ein nonchalantes Desinteresse an Ihren Bedürfnissen. Gehen Sie einfach darüber weg. Aber: Formu-

< *Immer rein ins Vergnügen: Der Berliner ist freundlich, höflich und zuvorkommend. Zumindest manchmal.*

lieren Sie Ihr Anliegen klar und eindeutig. Beachten Sie dabei vor allem, dass der Berliner kein Spezialist für Dialekte ist – süddeutsche schon gar nicht – und keine besondere Vorliebe für weitschweifige Vorträge (»Quatsch mit Soße«) hegt. Überlegen Sie sich vorher, ob Sie die gewünschte Dienstleistung billigerweise wirklich in dieser Form und in diesem Umfang vom Adressaten Ihrer Anfrage verlangen können. Ansonsten ernten Sie, wenn es gut läuft, ein missmutiges Stirnrunzeln, gewürzt mit einem Kommentar der Sorte »Wat wollnse? Hamwa nich!« Lassen Sie sich andererseits auch nicht unterbuttern und beschweren Sie sich über schlechten Service, für den man Ihnen auch noch Geld abknöpfen will. Zeigen Sie, dass Sie sich nicht alles gefallen lassen. Und: Versuchen Sie es nicht mit Einschmeicheln oder Anbiedern. Ein Satz wie »Ich bin auch Hertha-Fan« kommt bei einem eingefleischten Anhänger des 1. FC Union nicht gut an. Erwarten Sie auch keine besondere Anteilnahme an Ihren Problemen. Der Berliner denkt bei sich: »Na, da hamwa ja ooch schon Schlimmeres erlebt« und geht über Ihren sorgenvollen Tonfall einfach hinweg. Was er übrigens gar nicht verknusen kann, sind Besserwisser, Aufschneider und sonstige Fassadenkünstler. Denen lässt er ganz schnell die Luft raus.

Mit der Zeit und der richtigen Einstellung auf Ihrer Seite werden Sie die Ureinwohner lieben lernen und irgendwann feststellen: Die Charakterisierung »Herz mit Schnauze« trifft es ganz gut. Und Sie werden anfangen, den trockenen Humor, die zupackende Sachlichkeit und ansteckende Lebensfreude und -tüchtigkeit der Berliner zu schätzen. Ganz tief in seinem Innern ist der Berliner indes Melancholiker. Es gelingt ihm aber, diesen Kern vor seinen Mitmenschen weitgehend zu verbergen.

Was nun die weibliche Version angeht, so kann man es nicht treffender ausdrücken als im überaus nützlichen Online-Berlin-Lexikon des Luisenstädtischen Bildungsvereins e.V. (luise-berlin.de):

»Hübsche und geistreiche Frauen und Mädchen gibt es überall – doch den Berlinerinnen wird ein besonderer Reiz, ein besonderer Charme nachgesagt. Die Töchter der Berolina sind frisch, praktisch, flott und immer auf eine ›interessante Verpackung‹ aus, wie man den Chic der Frauen in dieser Stadt gern nennt. Von Natur aus neigen sie zu starken, geraden Gefühlen, können sentimental sein und scheinen

sich oft mit einem stummen, seufzenden ›Benimm dir!‹ zur Ordnung zu rufen. Weltbekannt wurden der Mutterwitz und die Schlagfertigkeit der Eva-Töchter zwischen Spree und Panke. So hatten die Hökerfrauen von einst solche Sprüche drauf wie: ›Mach mir nich tüksch, det sich nich meine Fäuste mit deine Backzähne familiär machen ...‹

Von jeher stehen die Berlinerinnen in allen Situationen ›ihren Mann‹. Sie können rechnen und wirken unabhängiger als die Frauen anderer Städte und Landschaften. Fragt man sie nach ihren beruflichen Erfahrungen, so werden die mit Spreewasser Getauften wie einst Grethe Weiser munter lächelnd antworten: ›Ach, wissen Se, die Männer kommen ja mit ihren Sachen nie zu Rande!‹ In jedem Lebensalter – von der ›Jöre‹ bis zur ›Ollen‹, vom ›Meechen‹ bis zur ›Madam‹ – bewegen sich die Berlinerinnen frei und ungezwungen, mit Grazie und einem Schuss Koketterie. In die Vierziger, Fünfziger gekommen, gewinnen sie innere Überlegenheit und blühen als Großmütter noch einmal richtig auf – so wie Omis anderenorts natürlich kaum. Bleibt noch anzumerken, dass die Berlinerinnen es gewohnt sind, die Feste so zu feiern, wie sie fallen und nur ungern eine Einladung ausschlagen.«

Dem ist nicht viel hinzuzufügen.

^ Hier geht's um die Wurst: Curry 36 in Kreuzberg und Konnop-
ke an der Schönhauser haben die besten Currywürste der Stadt.

EINLEBEN

Sie haben Ihr Nest gebaut und die zehn Umzugskartons, die noch im Keller harren, werden Sie auch irgendwann auspacken. Telefon, PC und Waschmaschine sind angeschlossen. Der schnellste Weg zur Arbeit ist gefunden, die kleinen Kinder sind in der Kita, die großen in der Schule. Alle Systeme arbeiten normal. Auch Ihre Nachbarn sind ja ganz nett, erste zaghafte Kontakte wurden geknüpft.

Wenn Sie in einem Mietshaus mit einigermaßen überschaubarer Mieterzahl wohnen, gibt es dort oft ein Alphatier, d.h. einen Organisator oder Organisatorin, mitunter auch der Vermittler bzw. die Verbindung zur Hausverwaltung. Es ist in jedem Fall nicht unklug, mit dieser Person ein passables Verhältnis herzustellen, ohne sich ihr gleich in die Arme zu werfen. Lassen Sie sich von ihr »die Regeln« erklären, die hier herrschen, z.B. »die Kellertüre muss immer abgeschlossen bleiben« und dergleichen mehr. Sie ersparen sich eine Menge Ärger. Und fragen kostet nichts.

NACH LÄNGE UND BREITE

Ob Sie zuerst den Kiez erkunden mögen oder versuchen, sich einen Überblick über die Stadt als Ganzes zu verschaffen, ist Geschmackssache. Erfahrungsgemäß neigen die meisten Neuberliner aber dazu, nach und nach ihren

< Nicht nur beim Karneval der Kulturen – Multikulti gibt's in Berlin an jeder Ecke.

Aktionsradius immer mehr auf das Umfeld von Wohnung und Arbeitsplatz zu beschränken – und das wäre doch schade, bedenkt man, wie viel die Stadt zu bieten hat.

Um ein Gefühl für die Ausdehnungen Berlins zu bekommen und eine erste Orientierung, lohnt es sich, sich mithilfe des Stadtplans die großen Hauptverkehrsstraßen einzuprägen. In West-Ost-Richtung ist das vor allem die Heerstraße, die später Kaiserdamm, dann Bismarckstraße heißt, schließlich bis zum Brandenburger Tor Straße des 17. Juni und dahinter Unter den Linden (auf die verwirrende Tatsache, dass in Berlin viele Straßen im Verlauf mehrfach den Namen wechseln, habe ich ja schon hingewiesen). Ein Pendant in Nord-Süd-Richtung ist die Müllerstraße, später Chaussee-, dann Friedrichstraße, schließlich Mehringdamm.

Ein **Tipp** noch für alle, die Angst haben, sich in der Weite dieser Riesenstadt rettungslos zu verlaufen: Das U- und S-Bahnnetz ist enorm hilfreich bei der Orientierung. Wenn Sie nicht mehr wissen, wo Sie sich befinden, einfach weiterlaufen. Irgendwann wird die nächste Station auftauchen, und von dort aus finden Sie immer den Weg. In vielen Buswartehäuschen hängt übrigens ein Stadtplan, auf dem der Standort markiert ist (leider braucht man zum Entziffern oft eine Lupe).

KIEZ ERKUNDEN

Wo Sie wohnen wollen, haben Sie sich ja vorher schon gut überlegt. Jetzt geht es daran, den Kiez in seinen Feinheiten kennenzulernen. Auch hier hilft das Prinzip: Orientierung verschaffen, also die wichtigsten (größten) Straßen und Plätze in Augenschein nehmen. Daneben sollten Sie aber nicht vergessen, dass in Berlin die Seitenstraßen, abseits der großen Geschäftszentren, oft ihren ganz besonderen Reiz haben. Kleine Paradiese in Form von Parks und begrünten Plätzen, tolle Läden mit originellem Sortiment, urige Berliner Kneipen und gute Restaurants finden sich oft genau da, wo man sie nie vermuten würde. Apropos Eckkneipe: Wer den Berliner Ton nicht abkann, sollte sich lieber noch ein bisschen abhärten, bevor er ein solches Etablissement aufsucht.

Einen Wochenmarkt, sei er auch noch so klein, gibt es fast in jedem Kiez. Die Händler bieten überwiegend frische Produkte aus der Region. Der Spargel aus Beelitz und Umgebung kann berühmten westdeutschen Konkurrenten durchaus das Wasser reichen. Eine besondere Spezialität: die Spreewaldgurken, die es in verschiedenen Geschmacksrichtungen zum Mitnehmen oder »auf die Hand« gibt.

LEUTE KENNENLERNEN

Ganz klar: Berlin hat nicht auf Sie gewartet. Andere Menschen kennen zu lernen, ist überall schwierig, in der Großstadt erst recht. Es wird Ihnen nicht viel anderes übrig bleiben, als selbst aktiv zu werden. Trösten Sie sich: Sie sind damit nicht allein, viele andere suchen genau wie Sie.

Ein guter erster Schritt ist schon einmal, sich eine nette Kneipe oder ein hübsches Restaurant in der Nähe zum Stammlokal zu küren. Wenn Sie ein paarmal dort waren, gehören Sie schnell zum Inventar und treffen bei jedem Besuch neue Leute – wer weiß, vielleicht sind ja ein paar darunter, die Ihnen liegen.

Die Berliner Volkshochschulen bieten eine Vielfalt von Kursen zu den unterschiedlichsten Themen von Sport über Kochen bis hin zu Sprachunterricht und beruflicher Fortbildung an (vhs.berlin.de). Auch in diesen Kursen lernt man schnell Gleichgesinnte kennen – aber Vorsicht: Wenn Sie nicht auf die anderen zugehen, ist mit dem Ende des Kurses meist auch das Ende der Bekanntschaft erreicht. Wenn Ihnen jemand besonders sympathisch ist, sollten Sie deshalb den ersten Schritt machen, um die Freundschaft zu vertiefen.

Daneben gibt es in Berlin natürlich eine Vielzahl von Vereinen, denen Sie je nach persönlicher Neigung beitreten können. Viele, nicht nur Sportvereine, bieten eine zeitlich begrenzte Schnuppermitgliedschaft zu reduziertem Beitrag an.

Paarungswillige Singles wählen aus einem breitgefächerten Angebot: Single-Parties, Speed-Dating, Bowling-Abend für Singles, Jumping-Dinner, Eat&Flirt, Frühstücksrunden, Flirten in der Bahn (s.S.11) oder im Café Keese mit Tischtelefon.

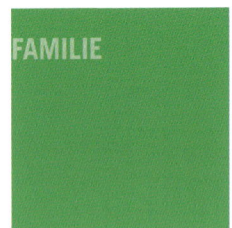

FAMILIE

MIT KIND
UND KEGEL

Die Hälfte der Haushalte in der Hauptstadt besteht nur aus einer Person, ein weiteres Viertel machen kinderlose Paare aus. Dennoch gilt: Berlin ist keine familien- oder kinderfeindliche Stadt. Wer das Gegenteil behauptet, klagt auf sehr hohem Niveau. Und: 2010 kamen in Berlin so viele Babys wie nie seit dem Mauerfall zur Welt (33 393). In einigen Bezirken kann man bis heute von einem regelrechten Baby-Boom sprechen. Friedrichshain-Kreuzberg hat dabei dem schicken Familienmekka Prenzlauer Berg den Rang abgelaufen.

Der Zuwachs ist nicht nur mit der Einführung des Elterngeldes zu erklären. Es gibt offenbar einen Wandel im Bewusstsein und Kinder werden nicht mehr als Hemmschuh für die Karrieren der Eltern, sondern als Bereicherung betrachtet. Die Stadt hält Schritt mit diesem Wandel, denn es gibt für junge Familien etliche Einrichtungen und Angebote: Parks, Spielplätze, Schwimmbäder und Seen, Kindertagesstätten und Ganztagsschulen, Familien-, Ferienpass und Ferienprogramme der Bezirke, Kinderkino, Kindertheater, Kindermuseum, Sportvereine, Zoologischer Garten im Westen und Tierpark im Osten.

Berlin ist außerdem keine Betonwüste. Fast überall gibt es Grün- und Wasserflächen. In den Zoos und auf einem der Kinderbauernhöfe begegnen die Kleinen Natur und Tieren mitten in der Stadt. Im Einkaufszentrum Alexa am Alexanderplatz ist eine 6000 Quadratmeter große »Kindercity« entstanden: Dort kann der Nachwuchs das Brotbacken

< *Berliner Bären, nicht erst seit Knut ein Wahrzeichen der Stadt. Buddy Bären symbolisieren Völkerfreundschaft.*

oder Schokoladengießen lernen. Im 3.OG des Alexa lockt zudem mit den »LOXX Miniatur Welten« eine 750 m² große Modellbahn-Anlage samt Verkehrsflughafen. Kinder können täglich auf eine kostenlose Schnitzeljagd gehen und mit ihren Eltern einen Blick hinter die Kulissen der Miniaturwelt werfen. Hallen-Spielplätze gibt es in Jacks Fun World in Reinickendorf. Auf 4000 Quadratmetern kann gerodelt und gerutscht, Minigolf gespielt und Bungee-Trampolin praktiziert werden. Das Kinderspielland Bim & Boom in Marzahn verfügt über Trampolins, Kletterrutsche und ein Kindertheater. Im Bambooland in Lichterfelde und in der neuen Filiale Spandau kann man durch Kletterlandschaften steigen und Autoscooter fahren. Der Circus Cabuwazi mit fünf verschiedenen Standorten ist ein Mitmach-Zirkus, in dem Kinder u.a. Seiltanzen und Jonglieren lernen.

Spezielle Museen wie das JuniorMuseum in Dahlem oder das Kindermuseum Labyrinth in Wedding erfreuen das Kinderherz mit spannenden Ausstellungen. Eine besondere Attraktionen in Berlin ist die Familienfarm in Lübars im Bezirk Reinickendorf, ein real wirtschaftender Bauernhof, auf dem Kinder und Eltern einen Einblick in das ländliche Leben in all seinen Facetten erhalten. Beliebt bei Familien ist auch die Domäne Dahlem in Zehlendorf, ein früheres Rittergut und heutiges Landwirtschaftsmuseum unter freiem Himmel. Das Naturschutzzentrum Ökowerk e.V. am Teufelssee im Grunewald veranstaltet ganzjährig Kindergeburtstage mit Erlebnisprogramm in der Natur. Auch das renovierte Naturkundemuseum in Mitte hat Kindern viel zu bieten. Theater für die Kleinen spielen u.a. das Puppentheater Felicio in Prenzlauer Berg und das Hans Wurst Nachfahren in Schöneberg. Spezielle Stadtführungen bietet Kid Tours Berlin an. Alle genannten Anbieter sind leicht im Internet zu finden.

Dass es trotz dieses vielfältigen Angebots noch Verbesserungsmöglichkeiten gibt, hat der vom Prognos-Institut veröffentlichte »Familienatlas 2012« unterstrichen. Die Wissenschaftler haben bundesweit Indikatoren wie Kinderbetreuung, Wohnsituation, Bildung und wirtschaftliche Lage verglichen. Berlin schneidet dabei insgesamt schlecht ab. Auch in einer früheren großen Studie aus dem Jahr 2006 wurden zwar Betreuungseinrichtungen, das gut ausgebaute

Nahverkehrssystem, das Freizeit- und Kulturangebot sowie die vielen Grünflächen und Spielplätze positiv bewertet. Viele Eltern klagen aber immer noch, genau wie vor Jahresfrist, über die Situation in den Berliner Unternehmen. Sie vermissen Betriebskindergärten und flexiblere Arbeitszeiten insbesondere bei familiären Notfällen. Die mangelnde Vereinbarkeit von Familie und Beruf steht an erster Stelle der Ursachen für die relativ hohe Kinderlosigkeit der Berliner zusammen mit ökonomischen Gründen.

Auch die Eintrittspreise für Theater, Zoo, Tierpark, Ausstellungen, Schwimmbäder und die Gebühren für die Musikschulen seien so hoch, dass sich viele Familien Besuche dort nicht leisten können. Die Zahl der Jugendtreffs und Nachbarschaftsheime sei absolut unzureichend, wobei es diese ohnehin traditionell nur im Osten der Stadt gibt. Im Westteil antworteten viele auf die Frage, ob sie das diesbezügliche Angebot für ausreichend halten mit »weiß nicht« – offenbar, weil sie gar nicht wissen, dass es so etwas überhaupt gibt.

Außerdem gibt der teilweise schlechte Zustand der Berliner Schulen Anlass zur Sorge. Davon betroffen ist die Bausubstanz und die oft mangelhafte Instandhaltung und Pflege. Ganz besonders kritisch aber ist die stetige Zunahme der Gewalt, vor allem an Schulen mit hohem Ausländeranteil.

^ Mehr als nur das größte Saurierskelett: das Museum für Naturkunde bietet viel Spannendes für kleine und große Entdecker.

WOHNEN

Doch zum Anfang: Wo soll man wohnen? Schauen Sie zuerst im Kapitel »Angekommen in ...«. Dort finden Sie Hilfestellung in den Bezirksprofilen. Die Baby-Boomer-Bezirke sind Prenzlauer Berg im Bezirk Pankow, Friedrichshain und Kreuzberg. Hier finden Sie eine Menge Gleichgesinnte und -gestimmte. Natürlich gibt es auch direkt hinterm Stadtrand von Berlin, im sogenannten Speckgürtel, auch andere Gegenden, in der Sie mit Ihren Lieben heimisch werden können. Viele junge Familien schwärmen z.B. von der grünen Lage in Falkensee. Diese nordwestlich gelegene Stadt ist aber nicht mehr Berlin, sondern gehört bereits zu Brandenburg. Aber warum so weit nach draußen schweifen? Grüne Bezirke wie Reinickendorf im Nordwesten, Steglitz-Zehlendorf im Südwesten oder Treptow-Köpenick im Südosten sind für Familien mit Kindern wie geschaffen. Manch eine Familie gar, der es nichts ausmacht, »jwd« (»janz weit draußen«) ihr Nest zu bauen, hat Hessenwinkel gewählt, den südöstlichsten Zipfel Berlins zwischen Müggelspree und Dämeritzsee. Wie man hört, wohnt es sich dort sehr schön.

Bei der Wahl des Bezirks ist das Thema Schule für viele Eltern zu Recht von großer Bedeutung. In jedem Bezirk ist die Grundversorgung sichergestellt. In einigen innerstädtischen Bezirken mit hohem Ausländeranteil sind deutsche Kinder im Kindergarten und in der Grundschule in der Minderheit. Inzwischen meiden selbst Migranten-Familien, die ihre Kinder gut integrieren wollen, diese Problembezirke und schrecken selbst vor einem kostspieligen Umzug nicht zurück. Die Neuberliner Familie tut deshalb gut daran, den künftigen Wohnort auch unter diesem Aspekt genau unter die Lupe zu nehmen. Man sollte sich nicht scheuen, bei den Schulämtern der Bezirke vorstellig zu werden, um brauchbare Informationen zu Struktur und Zustand des schulischen Angebots einzuholen. Überdies gibt es in Berlin mehr als 150 Privatschulen, die möglicherweise eine Alternative zum öffentlichen Schulwesen darstellen: freie-schulen-berlin.de.

BETREUUNG, SCHULE UND GESUNDHEIT

Tagesmutter, Krippe oder Kinderladen? Spätestens mit dem Ende des Erziehungsurlaubs stehen berufstätige Eltern vor der Frage, welche Art der Betreuung für ihr Kind die beste ist. Das Angebot in Berlin ist beinahe beinahe unüberschaubar. Einen guten, wenn auch teilweise nicht mehr ganz aktuellen Überblick bietet das »Das neue Eltern-Handbuch Berlin« (2005) von Marie-Louise Rendant. Die verschiedenen Angebote werden detailliert vorgestellt, mit Adresse und Telefonnummer. Ebenso ausführlich wird auch das leidige Thema der Schulwahl behandelt. Die Autorin stellt die verschiedenen Schultypen vor und erklärt die speziellen Angebote von Europa- bis sportbetonte Schule, ohne diese zu bewerten. Das Kapitel Kinderheilkunde ist umfangreich, hier steht ebenfalls der Service im Vordergrund. Die Themen Betreuung, Schule und Gesundheit bilden damit den Schwerpunkt des nützlichen Handbuchs. Der Freizeitbereich wird etwas kurz abgehandelt, aber auch hier ist der Gebrauchswert des Buches nicht zu unterschätzen. Weitere Informationen rund um das Thema Kind erhalten junge Eltern übrigens beim Standes- oder Bürgeramt ihres Bezirks.

Tipps:

1. Eine aktuelle und ständig aktualisierte Übersicht zu den Kindertagesstätten in Berlin finden Sie auf kitanetz.de.
Für den Kindergarten gilt: Die guten sind wie überall sehr begehrt. Wenn es also in der Familie ansteht, sollte man sich so früh wie nur möglich anmelden bzw. auf die Warteliste setzen lassen.

2. Mit dem »Familien-Pass« erhält die Neuberliner Familie ein ganzes Jahr lang Preisnachlässe bei Schwimmbädern, Eisbahnen oder Schiffstouren, bei Konzerten, in Kinos, Theatern, Museen sowie bei vielen weiteren Einrichtungen in Berlin und Umgebung. Der Pass ist für nur 6 € erhältlich in allen Berliner Filialen von Getränke Hoffmann sowie in Bürgerämtern, Bibliotheken oder beim JugendKultur Service.
Mehr Infos: jugendkulturservice.de/ger/start/index.php

STUDENT
IN BERLIN

Ob Freie, Technische oder Humboldt-Universität, ob Medizin, Jura oder Germanistik: Studieren in Berlin ist aufregend. Für manche auch zu aufregend. Wer sein Studium zeiteffizient gestalten will, sollte sich nicht zu sehr von den vielen Vergnügungen ablenken lassen. Ein realistischer Plan ist wertvoll: Wie lange soll das Studium insgesamt dauern, was will man pro Semester erreichen? Nicht immer gibt es dabei genaue Vorgaben seitens der Uni.

WOHNEN

Aber der Reihe nach. Man hat seinen Studienplatz ergattert. Das ist schön. Aber noch keine Bleibe. Wo und wie suchen? Die Studentenwohnheime lassen sich im Internet über das Berliner Studentenwerk lokalisieren: studenten werk-berlin.de/wohnen. 36 Wohnheime mit insgesamt 9 500 Plätzen stehen derzeit zur Verfügung. Wichtig bei der Auswahl: Die Entfernung zur Uni und auch der Bezirk (siehe Seite 21ff.). Die Wohnheime bieten zwar oft wenig Komfort und nur kleine Zimmer, da die Plätze dennoch stark gefragt sind, sollte man sich möglichst früh darum kümmern.

< *Eine Stadt, vier Unis: Die Humboldt-Universität Unter den Linden ist die älteste Hochschule Berlins.*

Tipp:

Das Studentenhotel »Hubertusallee«, mitten im schönen Grunewald gelegen, bietet für eine Übergangsphase eine Alternative zu den vom Studentenwerk bewirtschafteten Studentenwohnheimen. Das Haus wird von März bis Oktober als Hotel betrieben. In den Wintermonaten werden Zimmer an Studierende vermietet, die im Nachrückverfahren einen Studienplatz bekommen haben.

Mit dem ÖPNV ist das Stadtzentrum schnell zu erreichen. Das Hotel eignet sich auch als erste Anlaufstation für Erstsemester, die sich von dort aus in Ruhe nach einem Zimmer in einer WG oder einer kleinen Wohnung umsehen möchten. Man lernt Berlin auf jeden Fall von der Sahneseite kennen. Die Preise sind nach Großstadtmaßstäben gemessen zivil: Das Einzelzimmer (13 m²) kostet pro Nacht 30 Euro, Frühstück inklusive; von Oktober bis Februar pro Monat 200 Euro (Pauschal-Warmmiete).

Studentenhotel Hubertusallee
Delbrückstraße 24
14193 Berlin
Tel : (030) 93939-8340
E-Mail: studentenhotel.hubertus@studentenwerk-berlin.de

Günstiger sind Übernachtungen nur in den Hostels zu finden: de.hostelbookers.com/hostels/deutschland/berlin. Hier kann man schon ab 7 Euro nächtigen. Allerdings ist Schlafen im Mehrbett-Zimmer »auf zwei Stockwerken« angesagt. Das Hostel kann aber für eine Übergangszeit, in der man nach einer Unterkunft sucht, eine Alternative sein.

Privat oder in einer WG wohnen? In Berlin keine Schwierigkeit, da es viel Wohnraum und rege Bewegung auf dem Wohnungsmarkt gibt. Schwieriger ist es schon, eine hübsche kleine Wohnung oder eine WG in Uni-Nähe zu finden. Neben Zeitungs- und Internetrecherchen (siehe Seite 16ff.) lohnt sich ein früher Blick auf die Schwarzen Bretter, die in den Unis an jeder Fakultät aushängen. Gerade zu Semesterbeginn finden sich dort viele Angebote. Oft ergeben sich in den ersten Wochen des Studiums Möglichkeiten, sich mit Kommilitonen zusammenzutun. Von daher ist eine vorläufige Lösung ohne längere Bindung wie das Studentenhotel wirklich zu erwägen. Allgemein gilt für Berlin: Die Verfügbarkeit

geeigneter Wohnungen ist im Vergleich zu anderen Städten
(noch) hervorragend. Daraus kann man als Neuankömmling
Nutzen ziehen. Voraussetzung ist allerdings, dass man rechtzeitig vor Semesterbeginn auf der Matte steht.
studenten-wg.de

DIE ERSTEN WOCHEN

Nicht nur Erstsemester trifft dieses Gefühl am Anfang:
Mein Gott, diese Stadt ist ja riesengroß! Keine Sorge –
dieser Eindruck ist völlig richtig. Daher tut der studentische
Neuberliner auch gut daran, sich anfangs Zeit für Stadter-
kundungen zu nehmen und zu lernen, welche Fortbewe-
gungsart, welches Mittel ihm zusagt. Das Semesterticket
für die BVG und die S-Bahn GmbH (U-Bahn, Bus, Tram und
S-Bahn) ist nach wie vor die beste Lösung für Studenten.
Je nach Hochschule und Uni gelten hier unterschiedliche
Regelungen. Informieren Sie sich also gleich nach Ankunft
beim Allgemeinen Studentenausschuss.

Nicht schlecht ist es, das Fahrrad von zu Hause mitzu-
bringen oder sich hier eines anzuschaffen. Denn auf zwei

^ *Studentin, neu in Berlin, sucht ... und findet an den schwarzen Bret-
tern der Unis oder im Großangebot der öffentlichen Kleinanzeigen.*

Rädern kommt man in Berlin gut voran. Allerdings ist das Leben eines Radfahrers hier nicht ungefährlich. Auch wenn es doof aussieht und man im Sommer drunter schwitzt: Helm auf, damit der für das Studium unentbehrliche Körperteil keinen Schaden nimmt. Zu wissen, wie man die Entfernung von A nach B schnell und sicher überwindet, wirkt dem Gefühl entgegen, die Stadt überwältige einen. Was sie aber doch eine ganze Weile lang tun wird. Von daher sollte auch der zielstrebige Beginner für sein erstes Semester in Berlin keine allzu ehrgeizigen Pläne machen. Sich gut einzuleben, wird dem Studienerfolg später zugute kommen.

Übrigens sollte man für die Fahrt zur Uni das Auto besser nicht verwenden. So erspart man sich die nervenaufreibende Suche nach nicht vorhandenen Parkplätzen sowie saftige Parkgebühren oder Strafzettel.

Man sollte unbedingt einen Studienberater bzw. den Studienfachberater des entsprechenden Studienganges aufsuchen. Ganz wichtig für Insider-Infos ist die studentische Fachberatung. Dort gibt es wertvolle Einschätzungen zu Dozenten und Kursen und meist auch alte Klausuren zur Vorbereitung. Viele Fachschaften richten am Beginn des Semesters Orientierungsveranstaltungen aus. Dazu zählen Führungen durch die heiligen Hallen der Fakultät, durch die Bibliothek (»Bib«) und mitunter auch durch Kneipen und andere Etablissements, die von Studenten bevorzugt werden. Beliebt bei Neu-Immatrikulierten sind auch die Uni-Partys, bei denen man erste Kontakte zu Kommilitonen (auch höherer Semester) knüpfen und Campusluft schnuppern kann.

Vor allem die Führung durch das Reich der Bücher ist ein absolutes Muss, das man sich möglichst früh antun sollte. Wo man was findet, wie man ausleiht und verlängert: Dieses Basis-Wissen gehört zum überlebenswichtigen Handwerkszeug, das von den Dozenten vorausgesetzt wird.

Wichtig: So schnell wie möglich herausfinden, wo sich in der eigenen Fakultät der PC-Pool mit dem Internet-Zugang befindet, wie die Öffnungszeiten sind, ob man ein Passwort benötigt und, wenn ja, wo man es bekommt! Ein schneller und einfacher Zugang zum Internet ist für den Studi unverzichtbar. Die Anmeldung zu den Kursen lässt sich oft bequem über Internet erledigen, viele Kurse sind inzwischen Internet-gestützt. Gar nicht zu reden von den unzähligen

Möglichkeiten, die das Internet für die Recherche nach Literatur, Inhalten und Kontakten bietet.

Das Thema Bücher und Bibliotheken verdient von Beginn des Studiums an besondere Beachtung. Den Termin für die kostenlose Führung und Einführung in Nutzung der Bibliotheken besorgt man sich möglichst gleich am Anfang. Neben den Institutsbibliotheken und der zentralen Bibliothek der Universität sollte man auch das Angebot der anderen Universitäten beachten, weil Bücher bei der eigenen Institutsbibliothek oft nicht ausleihbar sind, vor allem wenn gerade ein Seminar zu einem Thema läuft, für das ein Buch als Standardwerk gilt. Studenten an einer Uni können relativ problem- und kostenlos auch bei den »Bibs« der anderen Unis Bücher ausleihen. Empfehlenswert ist auch der Erwerb eines Jahresausweis der Staatsbibliothek zu Berlin, Unter den Linden 8 (2013: 25 Euro), weil der Bestand äußerst umfangreich ist.

Das Chaos steht immer am Anfang – warum soll das beim Studium anders sein? Die erste Zeit im ersten Semester verläuft oft nicht geradlinig, weil sich oft noch vieles ändert: Stundenpläne, Kursräume und -zeiten. Kurse fallen aus, neue Kurse werden aufgestellt. Zu Semesterbeginn muss man daher flexibel und geduldig sein und sich immer wieder vorher vergewissern, ob die Ankündigungen der letzten Woche auch heute noch gelten …

^ Literatur von der Moderne bis zur Gegenwart: das Haus 2 der Staatsbibliothek in der Postdamer Straße 33.

UNGEISTIGE NAHRUNG

Wohin, wenn sich der Magen meldet? Berlin hat vier große Unis, dazu kommen etliche Fach- und andere Hochschulen. Jede Einrichtung hat ihre eigene Mensa, die meisten sind allen Studenten Berlins zugänglich. Die Liste ist lang und steht im Internet auf folgender Seite: studentenwerk-berlin.de/mensen. Oft bieten die Mensen neben einer Salatbar drei unterschiedliche Gerichte, mindestens eines davon ist vegetarisch. Ein Problem ist, dass die Futterkrippen gerade zur Mittagszeit überlaufen sind. Leider sind auch die Öffnungszeiten oft ungünstig, weil sehr kurz. Antizyklische Nahrungsaufnahme ist daher schwierig.

Welche Mensa zusagt, muss jeder für sich herausfinden. Für die Humboldt-Universität z.B. mag gelten: Die Hauptmensa im Hauptgebäude ist eher nicht zu empfehlen, besser scheint das Essen in der Mensa Nord in der Reinhardtstraße zu sein, die aber ein wenig entfernt vom Hauptgebäude liegt. Neben den Mensen gibt es in Uni-Nähe vielfach ein gutes Angebot an Cafés und Bistros, die einen preisgünstigen Mittagstisch offerieren.

Wenn sich in Uni-Nähe ein großes Berliner Unternehmen befindet, sollte man eruieren, ob die dortige Kantine auch Betriebsfremden offen steht. Das bringt Abwechslung und schont das Portemonnaie.

Tipp:

Wer seinen Hunger regelmäßig in den einschlägigen Unilokalen zu stillen plant, kann mit der MensaCard gut bedient sein. Es handelt sich dabei um eine aufladbare Chip-Karte, die an Automaten in den Foyers der Mensen bis zu einem Guthaben von 50 Euro »aufgewertet« werden kann. Das Kramen nach Kleingeld entfällt, man kommt schneller zum Kartoffel-Püree. Die Karte gibt es an den Kassen der Mensen gegen Vorlage des Studentenausweises und ein Pfand von 1,55 Euro, das bei Rückgabe der Karte zurückgezahlt wird. In allen Mensen und Cafeterien, die das Studentenwerk betreibt, kann die Karte eingesetzt werden.

JOBS

Während des Studiums arbeiten gehen? Für viele eine Notwendigkeit. Andere suchen bewusst erste Berührungen mit der späteren beruflichen Praxis und tun gut daran. In Berlin gibt es dafür ein ziemlich gutes Angebot.

Erste Anlaufstelle für die Jobsuche ist einmal mehr das gemeinnützige Studentenwerk mit seiner Arbeitsvermittlung Heinzelmännchen. Arbeitswütige Studierende aller Berliner Hoch- und Fachhochschulen werden an private und gewerbliche Auftraggeber vermittelt. Voraussetzung ist allerdings ein Vollzeitstudium. Die Spanne der Beschäftigungsfelder reicht von der Arbeit im Architektenbüro bis zum Zimmerservice in Hotels. Die Angebote können auch online eingesehen werden. studentenwerk-berlin.de/jobs

Eine gute Adresse ist auch JOBBER, die Job- und Praktikumsbörse für Unternehmen und Studenten. jobber.de

Bei der studentischen Arbeitsvermittlung *effektiv* kann man die täglichen Angebote über Telefon abhören und bei Eignung sofort selbst ebenfalls telefonisch buchen. jobstudent.de

Die Berliner Hochschulen unterstützen zudem ihre Studenten und Absolventen beim Start ins Berufsleben durch ein eigenes Jobportal. Die Angebote in der Stellenbörse umfassen Praktika und Werkstudentenstellen. Daneben finden sich Angebote zur Festanstellung für Akademiker in Wirtschaft und Forschung in der Region Berlin/Brandenburg und eine Vielzahl nationaler und internationaler Stellenangebote aller Fachrichtungen. jobportal-netzwerk.de/tu-berlin/index.html

SPIEL, SPORT UND SPASS

Hochschulsport wird an Berliner Unis ganz großgeschrieben. Das Angebot ist reichhaltig und preisgünstig zugleich. Von Aerobic bis Yoga, beides natürlich in mehreren Varianten, wird alles angeboten, was den Schweiß fließen und den Kreislauf wieder kreisen lässt. Bei den großen Unis

(FU, HU und TU) kann man online buchen. Einfach z.B. *FU Sport* googeln, Sportart und -angebot aussuchen und anmelden. Man muss sich übrigens nicht auf die eigene Uni beschränken, sondern kann auch am Programm der anderen Unis teilnehmen. So ist schon aus manchem »No sports«-Vertreter ein guter Ruderer oder flotter Tänzer geworden, und das ganz nebenbei. Für Sportbegeisterte heißt es aber aufpassen, dass das vielfältige Angebot nicht nach und nach an die Stelle des Studiums tritt. Wenn man die Prüfungsfragen des Profs nur mit den Abmessungen des Tennisplatzes beantworten kann, war der Sport nicht richtig dosiert.

Etablierte Sportvereine, von denen es in Berlin in jedem Bezirk eine Vielzahl gibt, bieten für Studenten vielfach Vergünstigungen in Form von Beitragsermäßigungen oder reduzierten Eintrittsgebühren.

Clubs fürs Tanzbein gibt es zuhauf, z.B. das Maxxim in der Joachimsthaler Straße in Charlottenburg, das edlere Felix ClubRestaurant in der Behrenstraße in Mitte oder, für Freunde der härteren Gangart, das SO 36 in der Oranienstraße in Kreuzberg sowie die Techno-Clubs um den Ostbahnhof in Friedrichshain (Berghain u.a.). Das sind nur einige Beispiele für eine Szene, die auch fixe Trend-Scouts ständig auf Trab hält. Es gibt eine Fülle von Großraumdiskos, die Charts spielen. Spezielle Richtungen und Geschmäcker werden in den ebenfalls zahlreich vorhandenen kleineren Clubs bedient. berlinatnight.de

Berlin kann sich auch einer spannenden Off-Theater-Szene rühmen. Einen kleinen, sicher unvollständigen Ein-

^ *Immer wieder sonntags: Flohmärkte für neugierige Sachensucher jeder Art.*

blick findet man auf theaterkritiken-berlin.de/JungesTheater-Index.htm

Wenn es um experimentierfreudige, originelle Bühnen geht, werden häufig genannt: das Theater 89 (vorübergehend nicht in der Torstraße!), die Neuköllner Oper in der Karl-Marx-Straße in Neukölln und das HAU (Hebbel am Ufer) mit drei Bühnen an verschiedenen Orten in Kreuzberg.

Das Angebot an Kinos ist ebenfalls nicht zu verachten. Allerdings kämpfen viele Programm-Kinos ums Überleben, in letzter Zeit ging leider in einigen das Licht für immer aus. Dennoch kommt der Cineast auf seine Kosten. Ein schönes altes Kino mit gewöhnlich gutem Programm ist beispielsweise das Delphi in der Kantstraße in Charlottenburg. Seit 2009 gibt es mit der ASTOR Film Lounge am Kurfürstendamm ein richtiges Luxuskino mit viel Platz und Service (siehe auch Kapitel »Ausgehen«).

KRISEN

Wer von sich behauptet, er hätte während des Studiums keine gehabt, lügt. Es ist vielmehr wahrscheinlich, dass man früher oder später in dieser großen Stadt, die natürlich auch Anonymität und Einsamkeit verursacht, an einen toten Punkt kommt. Man sehnt sich zurück zum überschaubaren Umfeld der Heimatstadt und vermisst die Vertrautheit und die Freunde, die man hier (noch) nicht wieder gefunden hat. Berlin ist plötzlich nur noch Moloch. Oder man merkt plötzlich, dass das gewählte Studienfach nicht das richtige ist.

Psychische Probleme treten gehäuft in Schwellensituationen auf, die einen besonders anfällig machen. Dazu gehören Studienbeginn und -ende sowie der Berufseinstieg. Hier kann der Rat nur lauten: Sich eingestehen, dass man ein Problem hat, mit dem man allein nicht fertig wird. Für Studenten gibt es zwei psychologisch-psychotherapeutische Beratungsstellen, eine in der Hardenbergstraße 34 in Charlottenburg (Tel. 93939-8401), die andere am Franz-Mehring-Platz 3 in Friedrichshain (Tel. 93939-8438). Man muss nur zum Telefon greifen, um einen Termin zu vereinbaren. Besser zeitig Rat suchen, als den Frust in sich hineinfressen.

KULTUR

AUSGEHEN, KULTUR UND FREIZEIT

50 »etablierte« Theater und zahlreiche Off-Bühnen, drei Opernhäuser, über 180 Museen, 380 Galerien, rund 90 Kinos, ca. 6000 Kneipen und ungefähr 5500 Restaurants, 285 Bars und Diskotheken: Das Angebot für Kulturmenschen, Nachteulen und Schlemmerer ist wirklich breit und vielfältig. Man hat die Qual der Wahl. Schauen wir uns die Szenerie einmal näher an.

THEATER

Wer es liebt, hat sein Mekka erreicht. Um nur die wichtigsten Säulen der Theaterhauptstadt Deutschlands zu nennen: Im Deutschen Theater in der Schumannstr. 13a in Mitte präsentiert ein großartiges Ensemble neue Inszenierungen der Klassiker, das Berliner Ensemble am Schiffbauerdamm hält die Brecht'sche Fahne hoch und spielt die Klassiker der Moderne, die Volksbühne unter der Leitung von Frank Castorf genießt Kultstatus, besonders bei jungen Leuten. Nicht zu vergessen das Maxim Gorki Theater am Festungsgraben 2 und die Schaubühne am Lehniner Platz, die beide mit herausragenden Inszenierungen ihren festen Platz im Theaterleben der Stadt behauptet haben. Daneben gibt es aber viele weitere größere und kleine Bühnen, die ganz genauso Ihre Aufmerksamkeit verdienen. Näheres unter theaterberlin.de

Tipp:

1. Der Berliner Theaterclub bietet seinen Mitgliedern für einen Jahresbeitrag von 15 Euro jährlich die Wahl unter 10 000 Veranstaltungen. Monatlich kommt eine Zwei-Monats-Vorschau ins Haus. Man bestellt bequem per E-Mail, telefonisch, per Fax oder per Postkarte. Die Karten werden zu ermäßigten Preisen portofrei und ohne Vorverkaufsgebühr zugeschickt. berliner-theaterclub.de

2. Auch bei der Freien Volksbühne Berlin hat man gute (Kultur)-Karten. Die FVB-Kulturkarte (36 Euro pro Jahr) verhilft zu preiswertem Eintritt in alle Theater, Kabaretts und Opern Berlins. Man entscheidet selbst, wie viele und welche Vorstellungen man besuchen will. Dazu kommt das Programm-Magazin »Kulturfoyer« einmal im Monat kostenlos ins Haus. lustaufkultur.de

< Im Mekka der Kleinkunst: das Spiegelzelt der Bar jeder Vernunft in Wilmersdorf.

OPER

Die drei Berliner Opernhäuser sind aus den Verhandlungen um den Hauptstadtvertrag als Gewinner hervorgegangen. Die Staatsoper Unter den Linden hat nach der 200-Millionen-Euro-Zusage von Seiten des Bundes mit der dringend erforderlichen Sanierung ihres altehrwürdigen Gebäudes begonnen. Krach ums liebe Geld, um die Zuschüsse und die Finanzierung der Spielstätten wird es auch weiterhin geben. Die 2003 per Gesetz eingesetzte »Stiftung Oper in Berlin« ist gehalten, diese Zuschüsse jährlich zu senken, um den Betrieb auf längere Sicht zu sichern. Sicher ist auch, dass alle drei Häuser wichtige Kulturträger und Anziehungspunkte für Besucher und Bewohner der Stadt sind. Die notorische Kostenproblematik sollte Sie nicht vom Kunstgenuss abhalten. Schließlich ist ein Opernbesuch die einfachste und angenehmste Art, sich seine Steuern zurückzuholen.

Die Deutsche Oper Berlin, Bismarckstraße 35 in Charlottenburg
Mit 1865 Sitzplätzen das mit Abstand größte Opernhaus Berlins. Der ursprüngliche Bau von 1912 wurde 1943 zerstört. Das heutige Gebäude mit der geschlossenen Fassade wurde 1961 in Betrieb genommen. Bei den absoluten Besucherzahlen liegt das Haus vor den beiden anderen Berliner Opernhäusern auf dem ersten Platz. Ab der Spielzeit 2012/13 hat Dietmar Schwarz, vorher Operndirektor in Basel, die Leitung übernommen.
deutscheoperberlin.de

Die Komische Oper, Behrenstraße 55-57 in Mitte
Der Name »Komische Oper« verweist auf die Tradition der französischen *Opéra comique* und ihren Anspruch eines modernen Musiktheaters. Das Haus war am 23. Dezember 1947 im ehemaligen Metropol-Theater eröffnet worden. Prinzipien sind heute ein breitgefächertes Repertoire, Ensembletheater und Inszenierungen in deutscher Sprache. Die Zuschauerzahlen konnte man in den letzten Jahren kontinuierlich steigern. Der erfolgreiche Leiter Andreas Homoki hat sein Amt vorzeitig aufgegeben. Seit 2012 ist der austra-

lische Regisseur Barry Kosky Leiter der Komischen Oper Berlin.
komische-oper-berlin.de

Die Staatsoper Unter den Linden, Unter den Linden 7 in Mitte

Das älteste Opernhaus (1741-43) und zugleich das älteste erhaltene Theatergebäude in Berlin.

Seit September 2010 wirkt der Theaterregisseur Jürgen Flimm, zuvor schon als künstlerischer Berater tätig, als Intendant. Unter seinem Vorgänger Mussbach hatte auch neueste Musik mit zahlreichen Uraufführungen einen festen Platz im Spielplan des Hauses. Man wird sehen, wie die Reise mit Flimm und Generalmusikdirektor Daniel Barenboim weitergeht. Bisher hat die Staatsoper ihre Auslastung stetig erhöht. Die Sanierung des Gebäudes (Zuschauerraum und Bühnentechnik) hat im Sommer 2010 begonnen. Wegen technischer Probleme werden die geplanten 239 Millionen Euro nicht reichen. Wahrscheinlich bis 2015 werden die Arien noch im Schillertheater in Charlottenburg geschmettert.
staatsoper-berlin.org

Tipp:

Alle drei Häuser bieten für junge Leute bis 30 eine sog. ClassicCard zum Preis von 15 Euro. Eine Stunde vor Vorstellungsbeginn erhält man damit die besten noch verfügbaren Plätze zum Festpreis: 10 Euro bei Opern- und Ballettvorstellungen und 8 Euro bei Konzerten. Die Karte gilt 12 Monate lang und ist personalisiert.
classiccard.de

^ *Hohe Kunst: Blick auf den ersten, zweiten und dritten Rang in der Staatsoper Unter den Linden.*

KINOS

Auch Cineasten müssen in Berlin nicht darben. 90 Filmtheater mit insgesamt 280 Leinwänden und im Sommer zusätzlich rund ein Dutzend Freiluftkinos zeigen neben den gängigen Kassenschlagern auch selten gesehene Streifen und Klassiker. Freunde von Filmen in Originalsprache kommen ebenfalls auf ihre Kosten.

Wenn Sie sich nach den guten alten, großen Lichtspielhäusern der Vergangenheit West sehnen, sind Sie richtig im **Delphi**, Kantstraße 12a in Charlottenburg, einem früheren Tanzpalast mit einem riesigen Saal und meist sehenswerten Filmen. Das Ost-Pendant ist das **Kino International** in der Karl-Marx-Allee 33: Kristall-Lüster und holzgetäfelte Entrées zum Saal legen die Vermutung nah, dass in der DDR das Kino die Oper des Volkes sein sollte. Sowohl für seine Architektur und Geschichte (Eröffnung 1925) als auch für das Programm zu empfehlen: das **Filmtheater am Friedrichshain**, Bötzowstraße 1-5, Prenzlauer Berg.

Die **Berlinale** ist nicht nur ein Festival für Fachpublikum – das umfangreiche Festival-Programm lockt jeden Kinofan, der sich aber bei Zeiten um die begehrten Billets kümmern muss. Seit 2011 kann man auch auf der Berlinale Website online Tickets per Kreditkarte kaufen oder sich seinen persönlichen Online-Tagesplaner »Meine Berlinale« zusammenstellen. Der reguläre Kartenvorverkauf beginnt drei Tage vor Festivalbeginn. Das Programm wird etwa eine Woche zuvor veröffentlicht. Die Verkaufsstände und weitere Modalitäten des Ticketkaufs erkundet man am besten auf der Website berlinale.de

Wer unbedingt einen bestimmten Film sehen will, sollte sich möglichst früh anstellen. Auch am Tag der Vorstellung sind Eintrittskarten erhältlich, aber nur an den Tageskassen der Kinos.

Tipps:

1. Die Kinotage, d.h. Tage mit ermäßigtem Eintritt aufgeschlüsselt nach Tag und Kino, finden Sie auf kinokompendium.de, einem gut gemachten Führer durch die Berliner Kinolandschaft, der ohne Werbung und Sponsoren auskommt und sich daher mit Recht unabhängig nennt.

2. Noch günstiger ist es in Berlin, das eigene Filmfestival zu Hause zu organisieren. Die Zentral- und Landesbibliothek Berlin bietet internationales Kino in großer Vielfalt: 20 000 Filme in 40 Sprachen stehen zur Ausleihe bereit. Auf Filme in Originalsprache wird besonderer Wert gelegt. Hinzu kommen 3500 Bühnenaufzeichnungen, d.h. Opern, Schauspiele, Tanz und Kabarett. Suchen und bestellen kann man online.
Auskunft: Tel. 030-90226-401, E-Mail: info@zlb.de
zlb.de/fragen_sie_uns

LITERATUR

Liebhaber anspruchsvoller Lesungen gehen gerne ins
Literarische Colloquium Berlin, Wannsee,
Am Sandwerder 5, lcb.de oder ins
Literaturhaus Berlin, Wilmersdorf,
Fasenstraße 24, literaturhaus-berlin.de
Daneben bieten auch die Theater immer wieder Lesungen an und natürlich die kleinen und großen Buchhandlungen. In Mitte und Prenzlauer Berg frequentiert ein junges Publikum gerne auch die sogenannten Lesebühnen.

^ *Eines der schönsten Kinos Berlins: der Delphi-Filmpalast in unmittelbarer Nähe des Theater des Westens.*

SPAREN FÜR SPONTANE

Die Konzertkasse Hekticket Berlin bietet Eintrittskarten für Konzerte, Rock, Pop, Musical, Theater, Sport und andere Veranstaltungen in Berlin. Das Besondere daran: Täglich ab 14.00 Uhr gibt es Tickets zum halben Preis für alle möglichen Events, die am selben Tag bzw. Abend stattfinden.

Tipp:
Die Last-Minute-Angebote lassen sich bequem täglich im Internet abrufen. Dort kann dann auch gleich bestellt werden. Sie bezahlen online und holen Ihre Karten in einer der Filialen ab: in der Karl-Liebknecht-Straße 13 (Kulturkiosk am Berlin Carré) oder in der Hardenbergstraße 29d gegenüber dem Bahnhof Zoo. hekticket.de

MUSEEN

Weltberühmte Kunstwerke zeigen die fünf Museen der wunderbaren Museumsinsel, von der UNESCO 1999 zum Welterbe erklärt.

Das **Pergamon-Museum** (erbaut 1910 und 1930) wurde als letzter der fünf Museumsbauten errichtet und beherbergt heute drei Museen: die Antikensammlung mit den Architektursälen und dem Skulpturentrakt, das Vorderasiatische Museum und das Museum für Islamische Kunst. Absoluter Star ist der Pergamon-Altar. Ähnlich beeindruckend: das Markttor von Milet.

Im **Alten Museum** (1823-1830) werden im Erdgeschoss Teile der Antikensammlung mit Kunstwerken der Griechen präsentiert. Im Obergeschoss wechseln sich Sonderausstellungen ab. Erbaut wurde das monumentale Gebäude nach den Entwürfen Karl Friedrich Schinkels, der sich an der griechischen Antike orientierte und das Museum dem Publikum als Bildungseinrichtung öffnen wollte.

Die **Alte Nationalgalerie** (1867-1876) versammelt Meisterwerke des 19. Jahrhunderts, der Kunst zwischen Französischer Revolution und Erstem Weltkrieg, zwischen Klassizismus und Sezessionen. Hier hängen die Gemälde von Caspar David Friedrich und Adolph von Menzel, die Landschaften und Architekturvisionen von Schinkel, die Bilder der französischen und deutschen Impressionisten, der frühe Liebermann und Beckmann. Sehr empfehlenswert: der Audio-Guide mit Erklärungen zu ausgewählten Exponaten.

Das **Bode-Museum**, seit Oktober 2006 wieder geöffnet, präsentiert in einer einzigartigen Architektur drei Sammlungen von internationalem Rang: die Skulpturensammlung und das Museum für Byzantinische Kunst, das Münzkabinett sowie Werke der Gemäldegalerie.

Das **Neue Museum** wurde von David Chipperfield komplett restauriert und im Oktober 2009 wiedereröffnet. Der Architekt hat Wunderbares geleistet, indem er die Kriegswunden geheilt, aber nicht einfach zum Verschwinden gebracht hat. Das Ägyptische Museum und Papyrussammlung sowie das Museum für Vor- und Frühgeschichte sind in die spektakulären Räume eingezogen.

Mit der Besichtigung der fünf Museen werden Sie eine Weile beschäftigt sein. Es lohnt sich, jedem Haus einen ganzen Tag zu widmen oder zweimal zu kommen. Wählen Sie als Neuberliner nach Möglichkeit nicht die Wochenenden für Ihren Besuch, wenn auswärtige Besucher in großer Zahl in der Stadt sind. museumsportal-berlin.de

^ *Welterbe Museumsinsel: Im Neuen Museum kann unter vielem anderen die Büste Nofretetes bewundert werden. (Bild: Altes Museum)*

Tipps:

1. Die meisten Gedenkstätten und Sammlungen bieten generell kostenlosen Zutritt. In einigen Museen ist der Eintritt an bestimmten Tagen frei, in den Staatlichen Museen für bestimmte Personengruppen. Infos: berlin.de/orte/museum/freier-cintritt

2. Die Lange Nacht der Museen lockt zweimal im Jahr eine ständig wachsende Zahl begeisterter Besucher in Museen, Sammlungen, Gedenkstätten und Archive. Ein Bus-Shuttle-Service ermöglicht Museums-Hopping nach Herzenslust. lange-nacht-der-museen.de

KNEIPEN

Wer zählt die Affen, die in dieser Stadt schon, halbwegs heil, nach Hause getragen wurden, wer nennt die Namen der Heiligen Trinker? Keine Sperrstunde, genug Kummer zum Ertränken, aber auch viel Spaß an Kommunikation auf hohem Lautstärkelevel, Stammtisch und Wirtshaushändel: Berlin darf sich von jeher einer besonderen Kneipenkultur rühmen. Wenn diese auch leider nur noch bruchstückhaft vorhanden ist. Dafür sind die Öffnungszeiten immer noch potentiell unbeschränkt und die Lust am Trinken in geselliger Runde ungebrochen.

Aus der Unzahl der einschlägigen Etablissements seien nur drei, allerdings besondere, herausgegriffen. Von weiteren Empfehlungen sehe ich ab. Jeder wird die eigene Stamm- oder Lieblingskneipe selbst finden, wenn es ihn denn danach dürstet.

Das **Yorck-Schlösschen**, Yorckstraße 15 in Kreuzberg, ist eines der letzten erhaltenen Urgesteine mit der typischen alters- und schichtenmäßigen Mischung aus Kreuzberger Anwohnern, Studenten und (Lebens-)Künstlern. Mit Biergarten und Live-Jazz (freier Eintritt) am Sonntag und, nach wie vor, hervorragenden Bratkartoffeln.

Die Gaststätte **Zur Ständigen Vertretung**, Schiffbauerdamm 8 in Mitte, war zunächst Anlaufstelle für die in die Berliner Diaspora verpflanzten Bonner Politiker und Journalisten. Heute

ist sie bei Berlinern und Berlin-Besuchern sehr beliebt. Zurecht: Der Service ist fix und das Kölsch immer frisch.

Zwiebelfisch, Savignyplatz 7, Charlottenburg, besteht seit über 30 Jahren und ist immer noch ein uriger Laden für Jung und Alt. Ideal geeignet für den wirklich späten Absacker, weil bis 6 Uhr früh geöffnet.

AUSGEHMEILEN

Hier einige der bekannten Treffpunkte von Nachtschwärmern, Gourmets und sonstigen Vergnügungssüchtigen:

Savignyplatz in Charlottenburg

Pariser Straße und **Ludwigkirchplatz** in Wilmersdorf

Winterfeldtplatz in Schöneberg

Hackescher Markt und **Hackesche Höfe** in Mitte

Kollwitzplatz in Prenzlauer Berg

Gendarmenmarkt in Mitte

Nikolaiviertel in Mitte

Simon-Dach-Straße in Friedrichshain

Oranienburger Straße in Mitte

^ *Vor dem Krieg pulsierendes Herz der Stadt, jahrzehntelang Brache, heute neues Zentrum der Metropole: der Potsdamer Platz.*

KULTURFABRIKEN

E twas Besonderes in Berlin sind die integrierten Kulturzentren, die sich in ehemaligen gewerblich genutzten
Gebäudekomplexen etabliert haben. Hier wird nicht nur
Kultur gemacht, sondern auch Zusammenleben neu gestal-
tet und probiert.

Das größte und eindrucksvolle dieser Zentren ist die **Kulturbrauerei** in der Schönhauser Allee 36 in Prenzlauer Berg:
Auf dem früheren Gelände der Schultheiß-Brauerei wird
auf 20 000 m² eine erstaunliche, qualitativ gute Vielfalt von
Konzerten, Kino, Theater, Festivals und Lesungen geboten.
Auch einige kreative Kleinbetriebe haben dort ihren Standort gefunden. Man tanzt, schwatzt, sieht und hört, trinkt und
lacht bis in den frühen Morgen und dies nicht nur an Wochenenden.

Die **ufaFabrik Berlin** in der Viktoriastraße 8-10 in Tempelhof hat noch weitergehende Ambitionen. Kurz vor dem
Abriss der ehemaligen UFA-Film Kopierwerke wurde hier
ein »Internationales Culturzentrum« gegründet. Die ca. 30
ständigen Bewohner und über 160 Mitarbeiter möchten
verschiedene gesellschaftliche Bereiche sinnvoll miteinander verbinden. Hier sind in den letzten Jahren neue Ideen
umgesetzt worden, auf dem Gebiet der Ökologie, bei der
Erprobung neuer Veranstaltungskonzepte oder im Fami-
lien- und Nachbarschaftsleben. Es gibt ein Theater mit
zwei Sälen, ein Varieté, einen Kindercircus, im Sommer
eine überdachte Open-Air-Bühne sowie ein umfangreiches
Workshop-Angebot für alle, die künstlerisch selbst aktiv
werden wollen.

In Moabit, einem facettenreichen Ortsteil des Bezirks Mitte,
hat die **Kulturfabrik** in einem ehemaligen Fabrik- und Lager-
haus ihre Heimat gefunden. Das Gebäude wird derzeit für
4 Millionen Euro grundsaniert und danach auch für Gäste
des Bundes deutscher Pfadfinder genutzt. Schon seit 1991
findet unter dem Dach in der Lehrter Straße 35 Kultur statt,

organisiert von vier Vereinen, die Vielfalt garantieren: *Film-rausch e.V.* betreibt ein Kino, *Slaughterhouse e.V.* veranstaltet Konzerte und Parties, *Theaterdock e.V.* macht Theater und *35 Services e.V.* ist die Haus- und Kiezwerkstatt. Für Kinder gibt es ein reichhaltiges Angebot an Aktivitäten. Zusammengehalten wird das Ganze vom gemeinnützigen Verein Kulturfabrik e.V., der als Mieter den Betrieb in Selbstverwaltung verantwortet.

Im Kunst- und Kulturzentrum **Brotfabrik**, Prenzlauer Promenade 3 in Weißensee (Bezirk Pankow) ist das Motto »Kunst ist Lebensmittel«. Als Jugendclub in der DDR gegründet, wird das Zentrum heute vom Glashaus e.V. getragen, verfügt über ein Kino mit einem mehrfach ausgezeichneten Programm, eine Bühne und vor allem eine Galerie, in der sich ansprechende Ausstellungen von Berliner und ausländischen Künstlern abwechseln.

N.B.: Obwohl in Stadtführern noch lebendig: Das a**rthouse Tacheles**, Oranienburger Straße 54-56a, wurde abgewickelt. Im September 2011 haben sich die letzten Künstler der Zwangsvollstreckung ergeben. Unklar, ob es anderswo eine Fortsetzung für das beliebte Kunsthaus gibt.

^ *Kunst ist Lebensmittel! So die Brotfabrik Weißensee, nicht zu verwechseln mit der Backfabrik in Prenzlauer Berg.*

WAS DENN NOCH?

Ja, und an besonderen und deshalb erwähnenswerten Locations wären da noch:

Die **Bar jeder Vernunft**, Schaperstraße 24 in Charlottenburg, bietet seit 1992 in einem Spiegelzelt Kleinkunst, vor allem Chansons, Musicals und Comedy. Ihr größerer Ableger ist **Tipi – Das Zelt am Kanzleramt** mit 550 Plätzen. Hier gibt es ein buntes Programm aus Varieté, Musikkabarett und Comedy in Verbindung mit Gastronomie.

Das **Tempodrom** auf der Westseite des Potsdamer Platzes erinnert ebenfalls an ein Zelt. Die gewaltige Konstruktion aus Beton beherbergt einen großen und einen kleineren Saal sowie ein Schwimmbad. Seit 2001 wird eine breite Vielfalt von Unterhaltungsgattungen dargeboten, die von Rock, Pop, Klassik, Comedy und Sportveranstaltungen bis zu Varieté und Musicals reicht.

Im Kabarett **Die Wühlmäuse** am Theodor-Heuss-Platz in Charlottenburg geben sich bekannte Vertreter des Genres die Klinke in die Hand. Die Kabarettisten und Musiker, die in der

^ *Zelt am Kanzleramt: Das Tipi in Tiergarten, die große Schwester der Bar jeder Vernunft, zeigt Varieté und Kleinkunst.*

Distel in der Friedrichstraße 101 auftreten, sind bekannt für intelligente politische Satire und witzige Unterhaltung. Die **Stachelschweine** bespielen ihr Theater im Europa-Center seit 1965 erfolgreich.

Der **Quatsch-Comedy-Club** präsentiert StandUp Comedy-Shows mit wöchentlich wechselnder Besetzung, vom Newcomer bis zum Star ist alles dabei. Und wo finden Sie den Club? Im Keller des Friedrichstadt-Palastes in der Friedrichstraße 107, ganz nebenbei das größte Revuetheater Europas mit einer 24 Meter breiten Bühne und 1895 Sitzplätzen, von denen aus man die farbenprächtigen »Girl-Reihen« bewundern kann.

Die **Blue Man Group** hat sich mit ihrer außergewöhnlichen Performance im Blue Max Theater am Potsdamer Platz niedergelassen. Das **Theater des Westens** in der Kantstraße 12 ist bekannt für seine Musical-Produktionen und außerdem ein architektonisches Unikum.

Und und und ... und was hier nicht steht, werden Sie bestimmt bald selbst ausfindig machen.

Einen guten Überblick zu Berliner Kultureinrichtungen, zu Initiativen, Projekten und Akteuren gibt es auf kulturpro jekte-berlin.de.

^ *Zelt aus Beton: Das Tempodrom, einst alternativ-bunter Zirkus, residiert heute in Kreuzberg.*

SPORT TREIBEN

© Foto: www.visitBerlin.de

JA, WO LAUFEN SIE DENN?

Die Berliner waren und sind sportbegeistert, sehr sogar. Das bringt Ihnen den großen Vorteil, dass Sie hier alle gängigen und auch seltenen Sportarten sehen und, vor allem, selbst ausüben können. Da der Berliner überdies von Natur aus ein neugieriger Mensch ist, probiert er alles aus und ist auch neuen (Trend-)Sportarten gegenüber aufgeschlossen. Vor kurzem fand hier die Deutsche Meisterschaft im Gummistiefel-Weitwurf statt. Das sagt eigentlich alles.

Nun aber zu Ihnen. Sie sind Sportler und/oder an Sport interessiert. Was wird wo geboten? Wie finden Sie Einrichtungen und Möglichkeiten, »Ihrem« Sport zu frönen, im Verein oder außerhalb, mit Gleichgesinnten oder alleine? Ob Breitensportler oder Profi, eins ist sicher: Man kann Ihnen helfen, Ihren Schweiß zu vergießen.

Zunächst einmal ist festzustellen, dass Berlin für die einfachste und doch effektivste Art der sportlichen Betätigung, das Laufen nämlich, eine Vielzahl von Gelegenheiten und passenden Routen aufweist. Berlin läuft gerne, viel und auch lang. Demnächst wird hier wohl der Achtel-Marathon erfunden. Die anderen Spielarten gibt es ja (fast) alle schon. In vielen Bezirken finden Sie Parkanlagen, Seen oder Wasserwege, in und an denen es sich gut Joggen lässt. Es soll Laufsüchtige geben, die Ihre Wohnung nach der Nähe zu einer schönen Laufstrecke gewählt haben. Der Senat für Stadtentwicklung hat eine nützliche Übersicht der schönsten Strecken Berlins zusammengestellt: stadtentwicklung.berlin. de/umwelt/berlin_move/de/laufstrecken/index.shtml

< Allein oder mit ganz vielen anderen: Berlin hat für jeden die passende schöne Route – und das meist gleich um die Ecke.

Im Prinzip brauchen Sie also nur ein paar gute Lauf-schuhe und schon geht's los. Sie wollen aber nicht alleine laufen, sind zu Hause immer mit Freunden gejoggt? Kein Problem: An jedem Tag setzt sich irgendwo an einem Punkt der Stadt eine fröhliche, gemischte Gruppe in Bewegung, die sich regelmäßig trifft.

Ja, es existiert wirklich eine überaus lebendige Laufsze-ne in Berlin. Werden Sie ein Teil davon, wenn Ihnen Laufen Spaß macht. Es ist eine ausgezeichnete Gelegenheit, über den Sport neue Bekanntschaften zu machen. Und: Sie zah-len keine Gebühr und müssen keinem Verein betreten.

Mehr Info zu den Lauftreffs: berlin.de/special/sport-und-fitness/ freizeitsport/laufen-walking/47056-56917-4ae56fd0.html

^ *Berlin auf den Beinen: Infos zu den vielen Läufen unterschied-licher Länge in der Stadt unter* www.berlin-marathon.com

BEGINNERS ON BIKE

Ich sagte es schon: Fahrrad als Verkehrsmittel funktioniert gut in Berlin. Bringt einen innerstädtisch schneller und gesünder ans Ziel. Kostet wenig und macht Spaß. Für den Neuberliner ist es vor allem wegen der Größe der Stadt das beste Mittel, sich sein Neuland zu erschließen. Man startet und stoppt, wo man will, und sieht sich genauer an, was man will. Falls Sie also noch keinen Drahtesel Ihr Eigen nennen, wird es höchste Zeit. Ein robustes Rad sollte es schon sein, die ein oder andere unebene Straßendecke wird Sie auf Ihren Touren durchschütteln. Sparen Sie nicht beim Fahrradschloss, denn die Diebe lauern. Eine Versicherung, z.B. mit dem Hausrat, ist zusätzlich sinnvoll. Auch wenn es schwer fällt: Tragen Sie einen guten Schutzhelm. Er kann sie vor schweren Verletzungen bewahren. Aber nur wenn sie ihn aufgesetzt haben.

Alles schön und gut, aber Radfahren als Sport? Auch das geht in Berlin, und zwar ziemlich gut. Auf einer Reihe von Routen können Sie sich austoben, ohne aber dabei zu vergessen, dass viele der Strecken auch von Joggern und Inline-Skatern genutzt werden. Nehmen wir als Beispiel den Kronprinzessinnenweg, eine 4 Kilometern lange, gut asphaltierte Strecke in Zehlendorf, die entlang der Autobahn A 100 verläuft und ausschließlich von Bikern, Skatern und Läufern bevölkert wird (ähnliche Pisten finden Sie auch in anderen Bezirken). Mountain-Biker können vom Weg aus an vielen Punkten direkt in den Grunewald fahren und dort nach Herzenslust mit den Wildschweinen um die Wette rasen. Das ist übrigens gar nicht weit hergeholt – Berliner Wildschweine sind neugierig und wagen sich bis weit in bewohnte Gebiete vor. Von daher ist Wachsamkeit geboten. Fahrten bei Nacht auf an den Grunewald angrenzenden Straßen sind immer für eine Begegnung der tierisch überraschenden Art gut, wie Ihnen der Autor aus eigener Erfahrung bestätigen kann.

Tipps:

1. Sie können – soweit sind wir hier schon dank Internet – Ihren Ritt durch die Stadt vorher genau definieren, so wie es Autofahrer bei

längeren Strecken tun. Einen ausgezeichneten Routenplaner finden Sie auf: bbbike.de

2. Der Neuberliner Radrennfahrer findet seine dünnbereiften Artgenossen auf rennradtraining.de. Gemeinsam dreht man Feierabendrunden und macht an Wochenenden oder in der Ferienzeit längere Touren ins Umland. Alles kostenlos und ungezwungen, ohne Vereinsmeierei. Einfach in die Mailingliste eintragen oder bei einer Tour mitfahren. Und auf der Website gibt's den aktuellen Regenradar dazu.

Weitere Radtouren für Jedermann, die keine Vereinszugehörigkeit erfordern, hat der Berliner Radsportverband parat: berlin-radsport.de/rtfkal.html

Wenn Sie sich aber partout einem Verein anschließen und zugleich eine gute Sache unterstützen wollen, könnten Sie über eine Mitgliedschaft im Allgemeinen Deutschen Fahrradclub (ADFC) nachdenken. Sie kostet für Einzelpersonen jährlich 46 Euro, für Familien 58 Euro und beinhaltet einige interessante Leistungen. Sie befinden sich dann in einem Kreis von 10 000 Berlinern, als deren Interessenvertretung der ADFC für eine fahrradfreundliche Verkehrspolitik eintritt. adfc-berlin.de

^ *Berlin on Bike: Die jedes Jahr im Juni stattfindende Sternfahrt auf Rädern ist die größte Fahrraddemonstration weltweit.*

SPORT IM VEREIN

Wenn Sie ihren Sport lieber im Verein treiben oder eine neue Sportart ausprobieren möchten, sollten Sie auf der folgenden Webseite Ihren Bezirk und die gewünschte Sportart eintragen: berliner-sportangebote.de/cms/content.php. Sie erhalten eine entsprechende Liste der Vereine im Bezirk.

Tipp:

Testen Sie den Verein Ihrer Wahl zunächst auf Herz und Nieren, bevor Sie sich durch eine Mitgliedschaft binden. Auch wenn auf den ersten Blick alles gut aussieht: Nehmen Sie sich die Zeit, um Ihre Vereinskameraden, die Anlage und die Atmosphäre kennen zu lernen. Die meisten Berliner Vereine freuen sich über neue Mitglieder und geben Ihnen Gelegenheit zum »Schnuppern«. Dies gilt übrigens durchaus auch für die zahlreichen Fitness-Center, Muckibuden und Health-Clubs. Sie bieten vielfach ein kostenloses Einführungstraining an, ein Angebot, das Sie unbedingt nutzen sollten. So vermeiden Sie Enttäuschungen und in den Sand gesetzte Jahresbeiträge.

SPORT AUF DEM WASSER

Sie haben es inzwischen gemerkt: Berlin ist nicht der Moloch aus Beton, für den man ihn oft hält. Fast sieben Prozent der Fläche sind mit Wasser bedeckt, ein Eldorado für Wassersportler und Angler. Ob Schwimmen, Paddeln, Rudern, Segeln, Motorbootfahren, Windsurfen oder Wasserski, ob im Osten auf dem Großen Müggelsee oder im Westen auf Havel und Wannsee: Es hat einen ganz besonderen Reiz, sich hier wassersportlich zu betätigen, denn Sie brauchen die Stadt nicht zu verlassen und müssen nicht viel Zeit aufwenden, um in Ihr Revier zu gelangen.

Tipp:

Wenn Sie ihn noch nicht haben, dann machen Sie ihn jetzt: den Segel- oder Motorbootschein. Auf dem Wasser im eigenen oder gemieteten Boot mitten durch die Stadt zu gleiten, ist ein spezielles Erlebnis. Das Wasser hat seinen eigenen Rhythmus und bleibt unbeeindruckt vom Großstadt-Fieber.

Der amtliche *Sportbootführerschein »Binnen unter Segel«* (Segelschein) berechtigt Sie, ein Segelschiff bis zu einer maximalen Länge von 15 Metern zu segeln. Er ist international anerkannt und somit in allen scheinpflichtigen Ländern gültig. Der amtliche *Sportbootführerschein Binnen unter Segeln und Motor* berechtigt zur Führung eines Segelschiffes bis 15 Meter Länge und zur Führung von Motorbooten mit beliebiger Motorenleistung. Für künftige reine Motorbootkapitäne, Boote mit über fünf PS und bis zu einer Länge von 15 Metern empfiehlt sich der *Sportbootführerschein Binnen unter Motor.* Auf den Gewässern innerhalb Berlins besteht übrigens eine Ausnahme: Dort gilt die Führerscheinpflicht ab jeder Motorisierung, auch unter fünf PS.

Die Kosten für die Führerscheine sind überschaubar und liegen z.B. für einen Motorschein-Komplettkurs (Theorie und Praxis) um die 200 Euro. Dazu kommen noch 67 Euro Prüfungsgebühren. Googeln Sie die beiden Stichworte mit »Berlin« und finden Sie den für Sie passenden Anbieter. Achten Sie darauf, dass die Zahl der Praxisstunden nicht limitiert ist, sondern so lange geübt wird, bis Sie reif für die Prüfung sind. Die praktische Ausbildung kann meist individuell vereinbart, wochentags abends oder an Wochenenden absolviert werden. Für ganz Eilige sind teilweise auch Kompakt- oder Intensivkurse im Angebot.

Wenn es dann mit dem Führerschein geklappt hat und Sie nicht mehr nur in Ihrer Badewanne Kapitän sein wollen, müssen Sie sich nicht unbedingt durch die Anschaffung eines Boots in größere Kosten stürzen. Sie können ja erstmal eines mieten und sich Ihren eigenen Urlaubs- oder Wochenend-Törn zusammenstellen. Gehen Sie auf kleine oder große Fahrt und entdecken Sie dabei das landschaftlich reizvolle Umland Berlins.

tourist.visitberlin.de/de/erleben/freizeit/berlin-per-boot?tid=777& parent=1732

SPORTSTÄTTEN

Als Neuankömmling haben Sie es inzwischen geschafft, sich in Ihrem Kiez umzusehen und einzurichten. Aber wo ist hier eigentlich das Schwimmbad und gibt es vielleicht sogar Tennisplätze für die Allgemeinheit?

Die Bezirke halten für Sportsfreunde eine Vielzahl öffentlicher Sporthallen, Sportplätze, Leichtathletik- und Tennisanlagen, Hallen- und Freibäder bereit. Um sie zu lokalisieren, empfiehlt es sich – einmal mehr – das offizielle Internet-Portal des Landes Berlin (berlin.de) zu konsultieren, eine schier unerschöpfliche Quelle der Information, ergiebig und wertvoll speziell für Neuberliner.

Tipps:

1. Berlin.de/sen/sport: Von dieser Seite aus gelangen Sie schnell, mit einem oder mehreren Klicks zu Ihrem Bezirk und seinen Sportstätten, mitunter auch zu den im Bezirk beheimateten Vereinen.

2. Ein umfangreiches Kursprogramm in den Schwimmbädern und auf dem Trockenen findet man auf berlinerbaederbetriebe.de

^ *Schwimmen in historischer Anlage: das Sommerbad am Olympiastadion ist nicht nur was für Sportskanonen.*

UNBEDINGT MACHEN IN BERLIN

Es gibt viele Großereignisse in Berlin und dem Neuberliner wird ob des riesigen Freizeit- und Kulturangebots schnell der Kopf schwirren. Was lohnt sich, wohin soll man gehen? Meine Empfehlungen sind überwiegend keine Geheimtipps, im Gegenteil. Aber aus der Fülle der Events möchte ich diejenigen herausgreifen, die etwas ganz Besonderes sind und in Berlin aus verschiedenen Gründen einen speziellen Stellenwert haben. Daneben finden Sie noch einige Hinweise auf lehr- und eindrucksreiche Ausflüge zu Wasser, zu Lande und durch die Luft.

1. Die Berliner Philharmoniker auf der Waldbühne

Das alljährliche Freiluft-Konzert des ersten Orchesters der Stadt an einem Wochenende im Juni lockt regelmäßig 22 000 Besucher an und füllt die Arena damit bis zum letzten Platz. Was sich von Jahr zu Jahr ändert, ist das Programm. Gleich bleibt immer der Abschluss: Die Philharmoniker intonieren Paul Linkes »Berliner Luft«, dessen Refrain die Besucher mit Pfiffen garnieren.

Bevor es los geht, verzehrt jeder das Mitgebrachte (Getränke: nicht in der Glasflache, erlaubt sind pro Person 0,5 l in Plastik). Dieses Picknick, das nur noch bei dieser Gelegenheit erlaubt ist, wollten sich die Berliner nicht wegnehmen lassen. Der Abend in der Waldbühne, für sich schon ein magischer Ort, hinter dem Olympiastadion, von Bäumen dicht umsäumt, ist viel mehr als nur ein Konzert. Man muss sie einmal erlebt haben, die einzigartige Atmosphäre, wenn

< *Das ist die Berliner Luft: Ein Waldbühnen-Konzert in einer lauen Sommernacht ist ein einmaliges Erlebnis.*

so viele Menschen den Klängen der Klassik unter freiem Himmel lauschen.

Tipp:

Es gibt für diese Veranstaltung relativ wenige Karten im freien Verkauf. Viele Firmen sowie die Freunde der Berliner Philharmoniker sichern sich größere Kontingente. Bleiben Sie daher schon ab Dezember (!) am Ball und erkunden Sie sich nach dem genauen Beginn des Vorverkaufs. Die Karten gehen schnell weg, deshalb sofort zuschlagen. Das Eintrittsticket gilt auch für die An- und Abfahrt mit BVG und S-Bahn.
Kontakt:
Tel.: (01805) 969 0000 (14ct/min, max. 42ct/min Mobilfunk)
oder unter deag.de

Die Waldbühne bietet übrigens im Sommer noch weitere Leckerbissen für Liebhaber der klassischen, aber auch der populären Musik sowie ein Open-Air-Kino. Wenn das Wetter mitspielt, ist ein schöner Abend garantiert.

2. Rundflug über Berlin mit dem Wasserflugzeug

Sicher, Sie können auch auf den Glockenturm am Olympiastadion steigen (siehe S. 34), auf den Teufelsberg, den Funk- oder Fernsehturm. Aber so wie Sie Berlin aus 600 Metern Höhe bei diesem Flug sehen werden, ist es ein unvergess-

^ *Rundflug? Ballon- oder Bootsfahrt? Berlin lässt sich auch vom Wasser oder aus der Luft erkunden.*

liches Erlebnis. Mit 189 Euro pro Person zwar ein nicht ganz billiges Vergnügen, aber ein lohnendes (lassen Sie sich den Flug doch einfach zum Geburtstag schenken). Sie starten in einer roten Cessna 206 von der Spree gegenüber der Insel der Jugend am Treptower Park, fliegen bis fast nach Potsdam und sehen die ganze Stadt aus der Vogelperspektive. Sie bekommen einen Begriff von der Größe Tempelhofs, der dichten Bebauung in Mitte und, vor allem, von den ausgedehnten Wald- und Wasserflächen in und um Berlin, die die Stadt so lebenswert machen.

Info: air-service-berlin.de

Tipp:
Der Flug ist durchaus angenehm, wenn auch in der Start- und Landephase nichts für Menschen mit Flug- oder Höhenangst. Vermeiden Sie größere Gelage am Vorabend und üppige Mahlzeiten am Tag Ihres Flugs. Wählen Sie nach Möglichkeit einen Tag, der klare Sicht verspricht. Fotos zu schießen, lohnt sich meiner Erfahrung nach eher weniger. Fotografieren Sie die Bilder einfach in Ihren Kopf hinein. Sie werden bleiben.

3. Christopher Street Day (CSD)
Mit dem bunten Umzug der Schwulen, Lesben, Bisexuellen und Transgender, der jedes Jahr an einem Samstag Ende Juni vom Ku'damm Richtung Brandenburger Tor führt,

^ *Stolz und laut: Der Christopher Street Day ist das fröhlich-bunte Spektakel der Lesben und Schwulen in der Stadt.*

wird auch in Berlin an einen Aufstand gegen polizeiliche Willkür in der New Yorker Christopher Street am 28. Juni 1969 erinnert. Gleichzeitig setzt die Stadt hier alljährlich ein eindrucksvolles Zeichen für Toleranz und gegen Diskriminierung. Phantasievoll kostümierte Paradeteilnehmer auf Musikwagen, die langsam an den Schaulustigen entlang der Strecke vorbeigleiten, sorgen für eine ausgelassene, friedliche Stimmung und werben für das »Jeder nach seiner Fasson«, das in der Hauptstadt wirklich gelebt wird. Vor und nach dem Umzug gibt's Party in den einschlägigen Clubs.

Tipp:
Nach Ende des Umzugs am Nachmittag kann man bei der Abschlusskundgebung ein (laut)starkes Unterhaltungsprogramm mit Vertretern verschiedenster Musikrichtungen erleben.

4. Karneval der Kulturen in Kreuzberg
Das zweite Großereignis, das die Vielfalt der in Berlin lebenden Menschen und ihrer Kulturen auf wunderbar farbige Weise zum Vorschein bringt: Straßenumzug mit Tanz und Musik vor und auf den Wagen jeweils am Pfingstsonntag, mehrtägiges Straßenfest am Blücherplatz und Kinderkarneval. Hingehen und staunen über die Internationalität Berlins. karneval-berlin.de

^ *Multikulti at its best: Der Karneval der Kulturen zu Pfingsten ist seit Jahren ein Publikumsmagnet.*

Tipp:
Kommen Sie mit öffentlichen Verkehrsmitteln, am besten mit der U-Bahn (U 1 oder U 7). Sie steigen am Bahnhof Hallesches Tor, Gneisenaustraße, Südstern oder Hermannplatz aus. PKW-Parkplätze sind so gut wie nicht vorhanden. Das schöne Fest kann man in der nahen Bergmannstraße ausklingen lassen. Dort können Sie eine kulinarische Weltreise durch zahlreiche internationale Restaurants antreten. Oder, getreu dem Motto »Kreuzberger Nächte sind lang«, eine Tour durch die Eckkneipen unternehmen.

5. Mit dem BVG-Dampfer von Wannsee nach Kladow

Die billigste Dampferfahrt von ganz Berlin. Führt ganzjährig zunächst mitten über den Großen Wannsee und dann quer über die Havel bis zum südlichsten Zipfel von Spandau, dem Ortsteil Kladow. Dort erwarten Sie im Sommer Gartenlokale und Spazierwege entlang der Havel.

Der Clou dabei: Die Fahrt kostet so viel wie ein reguläres BVG-Ticket. Wer schon mit der BVG oder S-Bahn angereist ist oder eine Zeitkarte besitzt, fährt umsonst. Das Fahrrad kann mitgenommen werden.

Abfahrt ab Wannsee zur vollen, ab Kladow zur halben Stunde. Vorsicht: Wer die letzte Rückfahrt verpasst, muss einen ziemlichen Umweg machen.

bvg.de

^ *Unterwegs mit der Weißen Flotte: Berlin und sein Umland bieten eine Fülle von Seen und Dampferfahrten.*

6. Die Brückentour: Der Renner unter den Schifffahrten in Berlin

Da können die venezianischen Gondolieri noch so energisch den Kopf schütteln: Berlin hat mehr Brücken als Venedig. Während der dreieinhalbstündigen Brückenfahrt, die live moderiert wird, kann man immerhin 65 der 1000 Brückenbauten bewundern. Welche wohl die schönste ist? Die Schlossbrücke in Mitte oder doch die Oberbaumbrücke?

Mehrere Reedereien bieten die Tour mitten durch die Stadt an, z.B. die Reederei Riedel, reederei-riedel.de, oder Stern und Kreis, sternundkreis.de. Die Routen sind identisch. Rund 3 Stunden fährt man über Spree und Landwehrkanal. Startpunkte der Touren sind Jannowitzbrücke, Haus der Kulturen der Welt, Friedrichstraße oder Schloßbrücke. Eine komplette Tour kostet bei Riedel 19 Euro (abends: 20 Euro), bei Stern und Kreis immer 21,50 Euro. Diese Tour eröffnet ungewohnte Perspektiven, auch wenn man meint, Berlin bereits zu kennen. Gerade das Regierungsviertel mit dem Kanzleramt präsentiert sich von der Spree aus neu. Auch Kreuzberg lernt man so auf andere Weise kennen. Ergänzt wird die Tour durch die launig-informativen Kommentare des Schiffsführers.

Tipp:

Machen Sie die Fahrt abends. Gerade bei schönem Wetter, an einem warmen Sommerabend, wenn man auf dem offenen Oberdeck im Freien sitzen kann, ist diese Tour ein wunderschöner Ausflug, der für ein völlig neues Berlin-Gefühl sorgt.

7. Die Internationale Grüne Woche

Die Grüne Woche im Januar zählt zu den traditionsreichsten Berliner Messen. Aus einer schlichten lokalen Warenbörse ist die international bedeutendste Messe der Ernährungswirtschaft, der Landwirtschaft und des Gartenbaus geworden. Viele Gelegenheiten, Spezialitäten aus Ländern zu probieren, die man auf der Landkarte auf Anhieb gar nicht finden würde, haben die Grüne Woche zur Lieblingsmesse der Berliner gemacht.

Tipp:

Besuchen Sie die Pavillons am späten Nachmittag des zweiten Freitags (Eintritt ab 14.00 Uhr: 9 Euro). Sie können bis 20.00 Uhr durch die Hallen schlendern. Erfahrungsgemäß flaut der Besucherstrom ab

18.00 Uhr ab und Sie können von Albanien bis Vietnam auf eine kulinarische Entdeckungsreise gehen, die immer wieder Spaß macht. gruenewoche.de

8. Lange Nacht der Wissenschaften

Als Wissenschaftsstandort gewinnt Berlin immer mehr an Bedeutung. Einmal im Jahr (Mai oder Juni) öffnen viele Einrichtungen der Forschung und Lehre ihre Pforten für das Publikum und geben bis spät in die Nacht Einblick in ihre vielfältigen Projekte. Eine faszinierende Reise in die Welt der Wissenschaften, die für staunende Gesichter und vergnüglichen Erkenntnisgewinn sorgt. Ob Archäologie oder Zellforschung, ob Rechtsphilosophie oder Lebensmittelchemie – in der »klügsten Nacht des Jahres« kommen Besucher mit den unterschiedlichsten Interessen auf ihre Kosten.

Die Eintrittskarte erwirbt man am besten vorab an einer der S-Bahn-Vorverkaufsstellen oder online auf der Website der Langen Nacht. Busse bringen die Wissbegierigen auf verschiedenen festgelegten Routen von einer Station zur nächsten. langenachtderwissenschaften.de

P.S. Seit 2009 gibt es im April auch die Lange Nacht der Opern und Theater in Berlin. Sie funktioniert ähnlich und ist mindestens genauso attraktiv wie die Wissenschafts-Nacht. 60 Bühnen beteiligen sich mit halbstündigen Programmausschnitten. Kulturprojekte-berlin.de/unsere-veranstaltungen/lange-nacht-der-opern-und-theater

^ *Hieß schon so, bevor es die Grünen gab: die Grüne Woche in den Berliner Messehallen.*

112

BESSER BLEIBEN LASSEN IN BERLIN

Mit »typischen« Bezeichnungen brillieren

Sie wollen sich partout als Nicht-Berliner outen? Gar kein Problem. Sagen Sie einfach statt Haus der Kulturen der Welt (kurz HdKdW) »schwangere Auster«, zum Funkturm »Langer Lulatsch« und zum Fernsehturm am Alexanderplatz »Telespargel«. Der Berliner bildet zwar mit Fleiß originelle Spottnamen. Die haben aber meist eine geringe Halbwertszeit, welche in den drei genannten Fällen definitiv abgelaufen ist.

Sprechen wie die Berliner

Versuchen Sie es erst gar nicht, es sei denn, Sie sind ein begnadeter Imitator. Der Tonfall und die seltsamen Wortschöpfungen, die der Berliner an der Perlenkette seines Satzstakkatos aufreiht, eignen sich nicht für Zugezogene. Und der Berliner mag es auch nicht, wenn Auswärtige berlinern. Wer will es ihm verdenken: Wenn ein Schwabe statt »Ha noi« »Berlin, ick liebe Dir« sagt, fühlt er sich bloß veräppelt. Der Berliner seinerseits respektiert andere Dialekte, auch wenn er sie nicht wirklich als zulässige Formen zwischenmenschlicher Verständigung anerkennt. Dazu liebt er sein eigenes Idiom viel zu sehr. Dem Neuberliner ins Stammbuch geschrieben: Berlin ist nicht der geeignete Ort, um zu sprechen, wie einem der Schnabel gewachsen ist. Halten Sie Ihr Niederbayrisch, Sächsisch oder (vor allem!) Schwäbisch dezent im Hintergrund und versuchen Sie, sich im Dialog mit den Einheimischen weitestgehend dem Hochdeutschen anzunähern.

< *Schwangere Auster? Dit sacht doch keener! Dit heißt doch HdKdW.*

Auto am 1. Mai (oder am Vorabend)
am Mariannenplatz in Kreuzberg parken

Mit dem »Myfest« ist es zwar zuletzt gelungen, den Krawall-
machern den Raum zu nehmen. Aber dies ist keine Garantie
für gewaltfreies Feiern in den nächsten Jahren. Das ein oder
andere Auto kann immer noch in Flammen aufgehen. Wenn
Sie beim Myfest mitfeiern wollen: mit Bus und Bahn anrei-
sen. Ist sowieso besser, denn die Alkoholkontrollen rund um
solche Feste sind scharf. Sollten Sie Autonarr und stolzer Be-
sitzer einer Nobelkarosse sein, sind neben Kreuzberg auch
Prenzlauer Berg und Friedrichshain **ganzjährig** nicht der
ideale Parkplatz.

Die DDR eine Diktatur nennen

Wie? Darf man, ausgerechnet in Berlin, das Kind nicht beim
Namen nennen? Darf man schon, aber bedenken Sie Ihre
Zuhörerschaft. Die Stadt ist immer noch zweigeteilt, wenn
auch nur noch in manchen Köpfen. An dieser Erkenntnis
kommt auch der Neuberliner nicht vorbei. Die Erinnerun-
gen an die BRD/DDR-Zeit sind bei den ehemaligen West-
und Ost-Berlinern unterschiedlich. Und verschieden fallen
auch immer noch die Urteile über diese Zeit aus. Sie sollten

^ *Der Mariannenplatz war voll, so viele Leute waren da:*
Myfest gegen Randale am 1. Mai.

deshalb mit Aussagen wie der oben genannten sehr vorsichtig sein, vor allem am Arbeitsplatz.

Den großen Max markieren

Angeben, großspurig auftreten, protzen: Der Berliner kann es nicht leiden. Wiewohl selbst nicht gerade ein Ausbund an Bescheidenheit, kann er es ganz und gar nicht ausstehen, wenn sich einer aufbläst und dicke tut. Mit einer solchen Verhaltensweise konfrontiert, setzt er das gesamte ihm zu Gebote stehende Repertoire an Spott und Ironie ein, um dem Prahlhans den Wind aus den Segeln zu nehmen. »Moral« für den Neuberliner: Immer hübsch auf dem Teppich bleiben und, wenigstens am Anfang einer Bekanntschaft, keine allzu großen Töne spucken.

In den Stadtführer des Vorjahres gucken

Berlin bewegt sich. Ziemlich schnell sogar. Was gestern noch ein echter Insider-Tipp war, ist heute fad oder verschwunden. »Da war doch letzten Sommer noch diese schöne Kneipe, wo wir ...« Ja, aber inzwischen hat sie einer Imbiss-Bude oder einem Ramschladen Platz machen müssen.

^ *Ganz schön protzig – das Bundeskanzleramt am Rande des Tiergartens.*

»Und das Off-Theater, wo wir …?« Dem ist leider die Luft ausgegangen. Genau wie dem westnepalesischen Restaurant im Kiez und dem Sushi im Souterrain. Berlin ist Hebamme mit Lizenz, den Totenschein auszustellen. Die Stadt gibt und nimmt wieder weg. Und alles geht rasch. Trauen Sie daher dem Stadtführer und der Hitliste vom letzten Jahr nicht, sondern vergewissern Sie sich stets, dass ihre Quelle aktuell ist. Sonst droht der Besuch ihrer Freunde aus der alten Heimat, denen Sie etwas ganz Besonderes bieten wollen, ein Fiasko zu werden. Seien Sie überdies grundsätzlich sehr vorsichtig mit Geheimtipps und folgen Sie ihnen nicht blind. Und misstrauen Sie Hypes der Sorte »Da müsst Ihr unbedingt hin!« So ersparen Sie sich manche Enttäuschung, die vor allem in der Gastronomie lauert.

Am Sonntag in den Zoo

In Berlin sind Sie per se selten alleine an schönen Orten. Aber da Sie sich für ein längeres Verweilen entschieden haben, sind Besuche der klassischen Sehenswürdigkeiten, Erholungs- und Erbauungsstätten an Sonn- oder Feiertagen für Sie eigentlich unnötig. Auch eine Autofahrt über die Avus zum Wannsee hat an einem sonnigen Sommer-Wochenende et-

^ *Bitte zweimal hingucken: Es gibt in Berlin zwei Zoos. Und übrigens auch mehr als nur einen Bären.*

was Selbstquälerisches. Vor allem, weil Sie, nach nervenauf-reibendem Stop & Go endlich am Ziel angekommen, keinen Parkplatz finden werden. Das muss nicht sein. Es sei denn, dass auch Sie hier dieses seltsame Bedürfnis befällt, sich in der Freizeit mit Begeisterung größeren Menschenmassen anzuschließen und Erkundungen nur im Rudel zu erleben.

Über Berlin meckern

Diese hierorts sehr beliebte Übung ist ausschließlich den Eingeborenen vorbehalten. Der Neuberliner hat nur zu loben. Lassen Sie also Schimpfkanonaden über Wowi* und die Welt abperlen, ohne der Versuchung zu erliegen, in den Chor der Meckerer aus voller Kehle einzustimmen. Sie wür-den nur irritierte Blick ernten, die Ihnen bedeuten sollen, dass Sie allenfalls geduldet, aber keinesfalls zu grundsätz-licher Kritik an Berlin berechtigt sind. Absolut tödlich sind Vergleiche mit anderen Großstädten, namentlich mit Mün-chen. Hier droht der Platzverweis!

*«Wowi« ist Klaus Wowereit, der Regierende Bürgermeister Berlins

^ *»Meckern darf nur ich!« Mancher Berliner nimmt es damit sehr genau – dem Neuberliner ist nur Loben erlaubt.*

VON A-Z

BEGRIFFE,
DIE SIE HÖREN WERDEN –
DINGE,
DIE SIE WISSEN SOLLTEN

A

Avus: kurz für „Automobil-Verkehrs- und Übungsstraße". Früher bekannte Rennstrecke (bis 1998), heute nördliches Teilstück der Autobahn A 115. Sie führt vom Funkturm aus, an dem sie einen Anschluss zum Berliner Stadtring (A 100) hat, ca. 9 Kilometer geradeaus durch den Grunewald bis nach Nikolassee.

Adlershof: Ortsteil im Bezirk Treptow-Köpenick, im Sprachgebrauch Synonym für Berlins wichtigsten Wissenschafts-, Wirtschafts- und Medienstandort (WISTA). Elf außeruniversitäre Forschungseinrichtungen, sechs Institute der Humboldt-Universität und über 800 Firmen in modernen Technologie- und Gründerzentren.

Adlon: Nobel-Hotel und eine der ersten Adressen der Stadt, nur wenige Meter vom Brandenburger Tor entfernt. 1907 fertiggestellt, 1945 ausgebrannt, 1995-97 in freier Anlehnung an die Original-Architektur wieder aufgebaut. Der Nachtclub Felix im Hotel zählt zu den exklusivsten Berlins. Zwischen Weihnachten und Neujahr wird vor dem Hotel eine Eisbar für Glühwein-Freunde aus der ganzen Republik aufgebaut.

B

Berlin on Bike: sechs Stadtführungen mit dem Fahrrad. Abfahrt von der Kulturbrauerei in Prenzlauer Berg. Viel sehen und erfahren, ökologisch korrekt und gesund.
berlinonbike.de

< *Ich bin kein Berliner! Echt nicht. Denn: Pfannkuchen heißen Pfannkuchen!*

Berlin-Literatur: mal reinschauen beim Spezialisten Berlin Story, Unter den Linden 40, Berlin-Mitte. Der Laden führt über 3000 Titel zu allen möglichen Berlin-Themen. Bonus: tolles Berlin-Museum. Geöffnet: tägl. 10-20 Uhr. Nicht nur für Touristen! berlinstory.de (siehe auch Anzeige hinten im Buch)

Berolina: weibliche Figur als Allegorie für die Stadt. Als Statue früher erst auf dem Potsdamer Platz, dann auf dem Alex. Dort gibt es heute noch das Berolina-Haus.

BSR: Die Berliner Stadtreinigungsbetriebe. Das sind die Jungs in Orange, Dienstleister rund um Abfall und Entsorgung. Die helfen und beraten Sie gerne, wenn Sie sich endlich dazu durchgerungen haben, Ihr altes Grammofon und den historischen Wäscheständer von Oma Minna los zu werden. bsr.de

C

Café Keese: seit 1966 Berlins größtes Tanzlokal (Charlottenburg), jeden Abend ab 19.30 bei freiem Eintritt geöffnet, legendär der Ball Paradox mit Damenwahl. Eher von einem reiferen Publikum frequentiert.

Charité: (frz.: Nächstenliebe/Barmherzigkeit) das größte Universitätsklinikum Europas. Gegründet 1710, seit 2003 gemeinsame medizinische Fakultät der Humboldt- und der Freien Universität Berlin unter der Bezeichnung Charité – Universitätsmedizin Berlin. Nach der Deutschen Bahn zweitgrößter Arbeitgeber der Stadt mit 13 000 Mitarbeitern, verteilt auf vier Standorte. Medizingeschichtliche Führungen: berlinforbeginners.de/medizinf%C3%BChrungen

Club: wird hier »location« genannt. Es gibt eine ganze Menge davon. Überblick mit guten Infos: bartime.de/locations.clubs-berlin.1.1.2.html

Currywurst: Herta Heuwer erfand am 4. September 1949 in ihrem Imbissstand an der Kant-/Ecke Kaiser-Friedrich-Straße die pikante Chillup-Sauce (Tomatenmark, Currypulver, Worcestershire-Soße und weitere Zutaten) für die gebratene Brühwurst und ließ sich ihre Erfindung sogar patentieren. Ob »mit« oder »ohne« (Darm), mit Schrippe oder mit Pommes Frites: Hier wird sie zu jeder Tages- und Nachtzeit im Stehen verspeist. Wo es die beste C. in Berlin gibt? Darüber gehen die Meinungen auseinander. Testen Sie selbst!

D

Datsche: Wochenend- bzw. Sommerhaus, meist mit Spielraum für Hobbygärtner. Der Begriff kommt aus dem Russischen und hat die DDR, wo er gerne gebraucht wurde, überlebt.

Domäne Dahlem: Agrarhistorisches Freilichtmuseum und zugleich Praxisbetrieb für Ernährung und Landwirtschaft. Bio- und Wochenmarkt, große Marktfeste wie Erntefest, Advents- und Mittelalter-Markt. Für Kinder ein großer Spaß, der anschaulich Wissen vermittelt.

VON A–Z

Dussmann: größtes Medienhaus Berlins, in der Friedrichstraße Nähe S-Bahnhof. Geöffnet Mo-Sa 10-24 Uhr. Wöchentliche Veranstaltungen (Lesungen, Konzerte).

E

East Side Gallery: nach Öffnung der Mauer 1989 von 118 Künstlern aus aller Welt bemaltes Stück der Berliner Mauer in der Mühlenstraße zwischen dem Berliner Ostbahnhof und der Oberbaumbrücke entlang der Spree. Größter erhaltener Rest der Grenzanlagen der Berliner Mauer. 1991 unter Denkmalschutz gestellt, seit Ende 2009 komplett saniert.

Eishockey: spielen die erstklassigen Eisbären, Motto »Die Welt ist ein Scheibe«, in der O2-World Arena am Ostbahnhof.

Europa-Center: großer Gebäudekomplex mit Hochhaus am Breitscheidplatz in Charlottenburg. 1965 von Willy Brandt eingeweiht. Vormals zusammen mit der Ruine der Kaiser-Wilhelm-Gedächtniskirche eines der Wahrzeichens West-Berlins. Steht unter Denkmalschutz und das ist sein Glück.

F

Fernsehen: Der RBB, Rundfunk Berlin Brandenburg, 2003 entstanden aus der Fusion von Sender Freies Berlin und Ostdeutscher Rundfunk Brandenburg, ist der Fernseh-und Radiosender für die Region, die halbstündige RBB-Abendschau täglich um 19.30 Uhr die Tagesschau der Berliner.

Flughäfen: Die »Erfolgsgeschichte« (Bürgermeister Wowereit) geht weiter. Es steht in den Sternen, wann der neue Flughafen in Schönefeld (BER) in Betrieb gehen kann. Die Kosten laufen derweil munter aus dem Ruder. Leider kein Einzelfall in Berlin.

Freie Universität: meist nur FU genannt. Die größte der vier Unis Berlins mit 12 Fachbereichen und Sitz in Dahlem. 1948 in bewusster Abgrenzung zur DDR (Humboldt-Uni) gegründet, von Anfang an mit studentischer Mitsprache in den Entscheidungsgremien. Eines der Zentren der 68er-Bewegung und der APO.

Funkturm: seit 1926 Wahrzeichen Berlins, steht auf dem Messegelände in Charlottenburg und ist nicht zu übersehen, wenn man die Stadt über die Autobahn aus Richtung Südwesten erreicht. 150 Meter hoch (inklusive Antenne), 400 Tonnen schwer, mit Restaurant und Aussichtsplattform. Der Sendemast auf der Spitze wird nur noch für Polizeifunk genutzt.

Fußball: Die alte Dame Hertha (BSC) setzt ihre Fans öfter Wechselbädern der Gefühle aus. Schauen Sie sich ein Spiel im Olympiastadion dann an, wenn mal wieder so richtig Feuer unterm Dach ist. Der Verein kämpft immer noch darum, dass die Berliner sich mit ihm in gleicher Weise wie in anderen Städten identifizieren. Was bei der Heterogenität der Einwohnerschaft und auch im riesigen Rund des Olympiastadions nicht leicht fällt.

Der 1. FC Union ist der zweitbekannteste Verein. Gründung: 1966 in der DDR. Spielt derzeit in der 2. Bundesliga und trägt seine Heimspiele im Stadion An der Alten Försterei im Ortsteil Oberschöneweide (Treptow-Köpenick) aus. Nina Hagen singt die Vereinshymne, der Schlachtruf lautet »Eisern Union«.

Fußgänger: Nichts Schöneres, als an den breiten Straßen zu flanieren. Ansonsten ist Vorsicht geboten: Die Fahrradwege sind, oft gar nicht als solche zu erkennen, vielfach auf dem Bürgersteig angelegt. Da hat es schon manche unangenehme

Begegnung gegeben. Nicht immer lassen die Radfahrer die gebotene Vor- und Rücksicht walten. Passen Sie also, vor allem am Anfang, gut auf und marschieren Sie immer schön auf der rechten Seite (oder manchmal auch auf der linken).

G

Gasag: Die Gaswerke Aktiengesellschaft gehört seit 160 Jahren zur Stadtgeschichte. Ihr Marktanteil am Berliner Wärmemarkt beträgt etwa 36 Prozent, ihre Preispolitik hat sie in den letzten Jahren nicht zum Liebling der Berliner gemacht.

Gendarmenmarkt in Mitte: gilt als schönster Platz Deutschlands. Im Zentrum steht Schinkels eindrucksvolles Konzerthaus, der Französische Dom markiert die Nordseite, sein Zwilling, der Deutsche Dom, die Südseite.

Glienicker Brücke: verbindet über die Havel hinweg Berlin mit Potsdam. Der Name stammt vom nahen Gut Klein-Glienicke, an dessen Stelle heute das Schloss Glienicke steht. Weltweit bekannt wurde die Brücke durch einen spektakulären Agentenaustausch 1986 zwischen USA und UdSSR.

Glockenturm am Olympiastadion: toller Rundblick von der Aussichtsplattform auf der Spitze für wenig Geld.
glockenturm.de

Grunewald: gibt es gleich zweimal. Zum einen als Villenkolonie und Ortsteil des Bezirks Charlottenburg-Wilmersdorf, ab 1889 mit Hilfe Bismarcks entstanden. Hier wohnte alles, was künstlerisch-wissenschaftlichen Rang hatte, wovon heute noch viele Gedenktafeln zeugen. Zum anderen als größter Stadtwald Berlins im äußersten Südwesten mit 3000 Hektar.

H

Hackesche Höfe: in Mitte. Größtes geschlossenes Hof-Gelände Deutschlands, 1906/07 erbaut. Ursprünglich eine neuartige, eng verzahnte Wohn- und Gewerbehof-Anlage, verlieren die Höfe heute durch den Wegzug alteingesessener Privat- und Gewerbemieter und die Ansiedlung von Großfilialisten langsam ihr Flair. Trotzdem sind die acht Höfe täglich Ziel Tausender Touristen.

Hansaviertel: Ortsteil des Bezirks Mitte; 35 Wohnhäuser, die von Vertretern des »Neuen Bauens« zur Internationalen Bauausstellung 1957 in Konkurrenz zur DDR (Stalinallee) verwirklicht wurden. Ziel waren aufgelockerte Baustrukturen mit viel Grün statt der geschlossenen grauen Blockbebauung der Vorkriegszeit.

Hasenheide: ursprünglich Hasengehege und später Jagdgelände des Großen Kurfürsten, liegt der rund 50 Hektar große Volkspark in Neukölln an der Grenze zu Kreuzberg. Freiluftkino, Tiergehege, Minigolfanlage, Rosengarten, Spielplätze, Hundewiese und große Freizeitflächen, auch von Freizeitkickern gerne genutzt. Leider auch bei Drogendealern beliebt. Austragungsort des Volksfestes Neuköllner Maitage.

Hauptbahnhof: größter Kreuzungsbahnhof Europas mit breitem Shopping-Angebot (bis 22.00 Uhr), gehobener Gastronomie (Austernbar) und Apotheke, die sieben Tage die Woche rund um die Uhr auf hat.

Hermannplatz: der verkehrsreiche Platz im Norden von Neukölln bildet die Grenze zu Kreuzberg. Seit dem Fall der Mauer hat er aufgrund zunehmender sozialer Spannungen und der Verlagerung von Kaufkraft in andere Stadtteile an Attraktivität verloren. Nach wie vor geht es aber recht munter zu.

Hunde: Es gibt über 100 000 angemeldete, steuerpflichtige Vierbeiner in der Stadt. Man schätzt, dass dazu nochmal genauso viele Exemplare ohne Steuernummer kommen. Laut BSR fallen täglich 400 000 Hundehaufen an – 55 Tonnen. Auch eine Strafe von 35 Euro kann die uneinsichtigen Herrchen und Frauchen nur bedingt beeindrucken. Nicht zu Unrecht ist Berlin daher auch als größtes Hundeklo der Welt etikettiert worden. Für den Neuberliner – und nicht nur für ihn! – bedeutet das, vor allem in den dunklen Monaten: Vorsicht, Tretminen!

Hungerharke: hat der Volksmund das Luftbrücken-Denkmal vor dem ehemaligen Flughafen Tempelhof getauft. Die drei nach Westen zeigenden Rippen stehen für die drei Luftkorridore, die Berlin in der Zeit der Blockade 48/49 für die Versorgung aus der Luft geblieben waren.

ICC: Internationales Congress Centrum in Charlottenburg. Mit 80 Sälen eines der größten und erfolgreichsten Kongresszentren der Welt. Für Tagungen und Kongresse, aber auch Unterhaltungsevents genutzt. Über eine Brücke direkt mit dem Messegelände verbunden. Die dringend gebotene Sanierung soll ab 2014 beginnen und 2016 fertig sein. Ein Messe-Ersatzbau an Stelle der Deutschlandhalle soll diese Zeit überbrücken.

Insulaner: in Steglitz, einer der Trümmerberge Berlins, heute bewachsen und geeignet für Spaziergänge mit Ausblick. Oben eine Sternwarte, am Fuß das Zeiss-Planetarium mit Hörspielkino, nicht weit davon ein beliebtes Freibad: Sommerbad am Insulaner.

J

Jetze: ostdeutsch für Jetzt. Untrügliches Zeichen für eine Sozialisation in der DDR.

Justizvollzugsanstalt Tegel: größte JVA Deutschlands im Bezirk Reinickendorf, mit 1571 Haftplätzen, aber tatsächlich mit höherer Belegung. Seit 1898 sitzen hier erwachsene männliche Gefangene ihre Strafen ab.

K

Karlshorst: im Bezirk Lichtenberg. Bekannt durch das Villenviertel und die Trabrennbahn.

Kaufhaus des Westens: wird stets mit dem Kürzel KaDeWe bezeichnet. Der bereits 1907 eröffnete Konsumtempel am Wittenbergplatz in Schöneberg lässt auf sieben Etagen kaum einen Kaufwunsch offen. Empfehlenswert: ein Besuch der Lebensmittel- und Gourmetabteilung in der sechsten Etage. Hier trifft man auch auf Berliner Promis und solche, die sich dafür halten.

Krumme Lanke: See in Zehlendorf am Rande des Grunewalds, vom Berliner Künstler Fredy Sieg in seinem bekannten »Lied von der Krummen Lanke« 1923 verewigt. Zwei Badestellen, eine davon FKK. Lanke heißt übrigens See und ist verwandt mit dem Wort Lache.

Kulturforum: in der Nähe des Potsdamer Platzes. Keine Institution, sondern ein Ensemble von Gebäuden und Einrichtungen, das zu den Highlights Berlins gehört. Dazu gehören u.a. die Philharmonie mit Kammermusiksaal, die Neue National- und die Gemäldegalerie sowie die Neue Staatsbibliothek.

L

Laubenpieper: die Pächter von Parzellen in den vielen Kleingarten-Kolonien, die man nahezu überall in der Stadt findet. Historisch das eigene kleine Fleckchen Grün, auf das man aus der Mietskaserne floh und Obst und Gemüse anbaute, erfreuen sich die Lauben ungebrochener Beliebtheit bei Alt- und Neuberlinern und sind schwer zu kriegen – bei Interesse: rechtzeitig anmelden und sich in Geduld üben.

Linie 1: der U-Bahn. Bekannt geworden durch das erfolgreiche Musical des Grips-Theaters, 1986 uraufgeführt und immer noch auf dem Spielplan. Unvergessen: Das Lied der Wilmersdorfer Witwen.

Lübars: Dorf mit erhaltener Struktur und reichlich Feldern, mitten in der Stadt (im Bezirk Reinickendorf), Bauernhof mit Pferden, Dorfkirche und Dorfkrug. Besuchenswert!

Lustgarten: Grünanlage auf der Museumsinsel in Mitte, ursprünglich zum Berliner Schloss gehörig.

M

Maifeld: Große Fläche auf dem Olympiagelände. Von den Nazis 1936 angelegt und für Aufmärsche genutzt. Heute Austragungsort des Feuerwerk-World-Championats Pyronale.

Märkisches Viertel: erste Großwohnsiedlung West-Berlins, von 1963-74 in Reinickendorf gebaut, für 50 000 Bewohner ausgelegt. Das negative Image hat das Viertel inzwischen abgeschüttelt.

Mauer: hat die Stadt von 1961 bis 1989 geteilt und West-Berlin vom Bundesgebiet abgeschnitten. Wie viele Menschen an ihr starben, ist strittig. Gedenkstätte Berliner Mauer in der Bernauer Straße 111.

Moorlake: Historisches Wirtshaus seit 1842, auf dem Uferweg zwischen der Glienicker Brücke und der Pfaueninsel. Beliebtes Ausflugsziel der Berliner und Potsdamer.

N

Nante: Eckensteher. Der Vater des Berliner Witzes, Adolf Glaßbrenner, hat diese echt »Berliner Schnauze« 1832 erschaffen.

Nikolaiviertel: ältestes Wohngebiet Berlins mit Nikolaikirche, liegt nicht weit vom Alexanderplatz im Bezirk Mitte. Im Krieg zerstört, danach vernachlässigt und erst 1987 zur 750-Jahrfeier Berlins von der DDR wiederaufgebaut, wobei das Resultat umstritten ist, Stichwort Altstadt-Illusion.

Normannenstraße: Synonym für die ehemalige Zentrale des Ministeriums für Staatssicherheit. Heute Forschungs- und Gedenkstätte und Dependance der Jahn-Behörde. Hier können Interessierte ihre Stasi-Akte einsehen.

O

Olympiastadion: 1934-36 unter der Leitung des Architekten Werner March erbaut. Seit 2004 in frisch renoviertem Gewand mit eindrucksvoller Dachkonstruktion und 74 228 Sitzplätzen. Einzigartige Location für Fußballspiele (Hertha BSC, DFB-Pokalfinale), Leichtathletik, Rockkonzerte und andere Großveranstaltungen. Geführte Besichtigung empfehlenswert.

Onkel Toms Hütte: Siedlung in Zehlendorf in reizvoller Lage am Rande des Grunewalds, erbaut 1926-32. Beispiel für einen neuen Siedlungsbau, der Natur und Architektur verbinden wollte.

Oranienburger Straße: Flaniermeile zwischen Hackescher Markt und der Friedrichstraße. Über 40 Kneipen, Restaurants, Bars und Cafés auf einem Kilometer. Nachteulen, Prostituierte und Vergnügungssüchtige jeglicher Couleur verwandeln die Gegend jeden Abend in eine Partymeile.

P

Palast der Republik: Gebäude auf der Spreeinsel am Schloßplatz im Zentrum Berlins. Auch Palazzo Prozzo, Ballast der

Republik oder Erichs Lampenladen genannt. Die Volkskammer der DDR tagte im Palast, der den Bürgern der DDR bei verschiedenen Kulturveranstaltungen offen stand. 1990 beschloss die Volkskammer wegen Asbestverseuchung die Schließung. Der Abriss wurde im Dezember 2008 abgeschlossen.

Parallelgesellschaften: Migranten, die kein Deutsch können und es auch nicht lernen mögen, sind ein Problem in Berlin. Sie finden keine Arbeit und bleiben außen vor. Resultat sind besonders bei jungen Männern Frust und Aggression. In Neukölln und anderen Bezirken ist so eine brisante Lage entstanden. Gefährlich: der Einfluss fundamentalistischer Verführer.

Pfaueninsel: märchenhafte Insel in der Havel zwischen Berlin und Potsdam, von der schon Theodor Fontane schwärmte. Naturschutzgebiet, beliebtes Ausflugsziel, nur per Fähre erreichbar.

Platte: bis heute umgangssprachliche Verkürzung für Plattenbauten in Großwohnsiedlungen, die in der DDR in großem Stil errichtet wurden (in Berlin z.B. in Marzahn und Hohenschönhausen), spöttisch auch »Arbeiterschließfach« genannt. Verwendet wurden dabei genormte Betonfertigteil-Platten. Der Bestand wurde in den letzten Jahren stark saniert und den modernen Anforderungen angepasst.

Plötzensee: Gedenkstätte in Charlottenburg. Zwischen 1933 und 1945 wurden hier fast 3000 Menschen von den Nazis nach Unrechtsurteilen ermordet, darunter viele der Widerständler des 20. Juli 1944. Heute gibt es in P. eine Justizvollzugsanstalt.

Prater: ältester Biergarten Berlins in Prenzlauer Berg. Die Volksbühne hat sich hier eine zweite Spielstätte geschaffen, die »Galerie im Prater« sich einen Namen durch ihre Ausstellungen gemacht.

Prenzlberg: so nennen nur Zugezogene und Spötter den Pankower Ortsteil Prenzlauer Berg.

R

Radio: Jazz-Radio auf 106,8 sendet täglich 24 Stunden Latin, Swing, Soul, Electronic, Bebop und Soft Jazz. Viel gehört in Berlin: Radio 88,8 Berlin, 91,4 Berliner Rundfunk und Radio Eins (95,8).
Alle Frequenzen: berliner-adressen.de/Medien/radiosender.html

Reichstag: Sitz des Deutschen Bundestags, 1995-99 für 600 Millionen DM unter der Leitung des britischen Architekten Lord Norman Foster umgebaut. Vor allem wegen der imposanten begehbaren Kuppel eine Attraktion für Besucher aus aller Welt. Anmeldung beim Bundestag-Besucherdienst. Schneller nach oben? Mit einer Reservierung im Dachgarten-Restaurant Käfer (Tel. 22 62 99-0).

Rosinenbomber: taufte der Berliner Volksmund die Flugzeuge der Alliierten, die Berlin während der Blockade 1948/49 mit Lebens- und anderen Hilfsmitteln versorgten. Die Bezeichnung kam zustande, weil die Piloten noch vor der Landung kleine Pakete mit Süßigkeiten für die Kinder abwarfen. Die Flüge in einem Originalflugzeug, das 2010 abstürzte, sollen bald wieder aufgenommen werden.

Rotes Rathaus: das Berliner Rathaus in Mitte, Sitz des Senats und des Regierenden Bürgermeisters. Tafeln, die rund um das Gebäude angebracht wurden, erzählen die Geschichte der Stadt. Der Name kommt von den roten Klinkersteinen, mit denen die Fassade gebaut wurde.

S

Samstag: nennt man in Berlin Sonnabend (auf Berlinerisch: »Sonnahmd«).

Schaubühne: am Lehniner Platz in Wilmersdorf, bis 1981 am Halleschen Ufer. Fast 20 Jahre lang vom Regisseur Peter Stein geprägt, gilt das Theater immer noch als eine der wichtigsten Bühnen Deutschlands.

Schiffbauerdamm: an der Spree, im Ortsteil Mitte. Schon anfangs des 19. Jahrhunderts ein lebendiger Teil des Stadtzentrums. Nach Zerstörung im Zweiten Weltkrieg heute durch

Reichstag, ARD-Hauptstadtstudio, Bahnhof Friedrichstraße und Berliner Ensemble wieder im Blickpunkt der Berliner und Touristen.

Schildhorn: im Westen des Grunewalds gelegene Halbinsel in der Havel. Sagenumwoben, aber auch dank des historischen Wirtshauses beliebter Ort gezielter Umnebelung.

Schinkel, Karl Friedrich: bedeutendster Architekt Berlins im 19. Jahrhundert, mit Wirkung weit über die Stadt hinaus. Wichtige Bauten: Neue Wache, Schauspielhaus am Gendarmenmarkt, Altes Museum, Bauakademie.

Schloßstraße Steglitz: 1,7 Kilometer lang, eine der beliebtesten Einkaufsstraßen Berlins mit großen Kaufhäusern und dem sog. Bierpinsel, einem roten »Wachturm«, in den 2010 ein Kunst-Café eingezogen ist.

Schrippe: so nennt der Berliner ein ovales Brötchen mit einem tiefen Ritz auf der Oberfläche in länglicher Richtung. Hauptbestandteil: Weizenmehl. Der Name kommt vom frühneuhochdeutschen »schripfen«, d.h. mit dem Messer aufreißen. Der Spalt soll ein Versehen eines Berliner Bäckers gewesen sein, der einen scharfen Gegenstand auf das Teigstück fallen ließ.

Senat: heißt die Landesregierung des Bundeslandes Berlin mit dem Regierenden Bürgermeister an der Spitze und den Senatoren, die analog zu den Ministerien in anderen Bundesländern insgesamt acht Senatsverwaltungen unter sich haben.

Spree: eigentlich ein Flüsschen, fließt auf 46 Kilometern von Osten nach Westen durch Berlin; bildet im Stadtzentrum mit zwei Armen die Spree-Insel und mündet in Spandau in die Havel. Nur wirklich in Berlin Geborene sind mit ihrem Wasser getauft.

Stadtautobahn: die Bundesautobahn 100, im hiesigen Sprachgebrauch A 100 oder auch Berliner Stadtring genannt, führt mitten durch die Stadt. Auf einer Länge von 22 Kilometern beschreibt sie, meist entlang der Ringbahn verlaufend, einen Bogen von Norden in den Südwesten und verbindet die Bezirke

Mitte, Charlottenburg-Wilmersdorf und Neukölln. Im Berufsverkehr oft Staufalle. Vor dringenden Terminen deshalb Info-
Radio 93,1 hören. Neuberliner kommen vor allem im Bereich
des Funkturms, einer Ballung von Brücken, Tunneln und Aus-
fahrten, schon mal ins Schwitzen: Wo geht's denn hier lang?

Stadtmagazine: Kulturbeflissene finden wahlweise im »Tip«
oder der »Zitty« für jeden Tag das umfassende Angebot der
verschiedenen Sparten, nebst Texten zu aktuellen kulturellen Themen. Erscheinen jeweils Mittwoch (alternierend).
Legendär: Die Jahresend-Ausgabe des »Tip« mit der Hitpara-
de der 100 peinlichsten Berliner. Das monatlich erschei-
nende Magazin »Berlin Programm« präsentiert die Veran-
staltungs-Highlights der Hauptstadt.

Stadtschloss: Der Start des Wiederaufbaus wurde wegen der Fi-
nanzkrise auf 2013 (Grundsteinlegung) verschoben. Wo soll
das teure Monstrum auferstehen? Genau dort, wo es bis 1950
immer stand, nämlich gegenüber vom Berliner Dom. Innen:
viel Kultur und Bildungsangebote für alle. Kosten: 590 Millionen Euro (Stand: 2013!). Architekt: Der Italiener Franco Stella,
der mit namhaften deutschen Kollegen kooperieren will.

T

Tempodrom: Eventlocation mit bewegter Geschichte. Ursprünglich eine alternative Spielstätte im Zirkuszelt, durch
den Bau des Bundeskanzleramtes vom angestammten Gelände vertrieben, 2001 nach Plänen des Architekten Mein-
hard von Gerkan als zeltartige Betonkonstruktion auf dem
Gelände des ehemaligen Anhalter Bahnhofs als Neues Tempodrom wiedereröffnet.

Teufelsberg: Trümmerberg im Grunewald, 114,7 Meter hoch,
bietet einen Panoramablick über Berlin und Umgebung.
Drachen können dort gut steigen, Rodelschlitten bei Schnee
hinunter sausen. Schauen Sie sich den Sonnenuntergang
und die einbrechende Dunkelheit vom Berg aus an, wenn
die Stadt das Licht anknipst. Die 20 Minuten zu Fuß vom
S-Bahnhof Heerstraße lohnen sich auch wegen der beeindruckenden Ruine der Abhöranlage, die Amerikaner und
Engländer im Kalten Krieg nutzten.

Thälmann-Park: innerstädtische, 26 Hektar große Anlage mit Wohn-, Einkaufsmöglichkeiten und einem Planetarium im Ortsteil Prenzlauer Berg, 1986 zum 100. Geburtstag von Ernst Thälmann eingeweiht.

Topographie des Terrors: Wichtiger Ort der Erinnerung an die Verbrechen der Nazis in den dafür geschaffenen Einrichtungen, d.h. der Zentrale der Geheimen Staatspolizei Gestapo, dem Reichssicherheitshauptamt und dem Sitz der SS. Seit Mai 2010 wird auf dem Gelände zwischen Niederkirchnerstraße, Wilhelmstraße und Anhalter Straße der Nazi-Terror der Jahre 1933-45 in einem Zentrum dokumentiert.

U

U-Bahn: 1902 eröffnet, heute mit zehn Linien, 173 Stationen und rund 145 Kilometern Strecke, teilweise auch oberirdisch. Unverzichtbarer, wenn auch teilweise rumpelnder und kreischender Bestandteil des dichten Nahverkehrsnetzes der Stadt.

Uhrzeiten: Die Angabe verwirrt viele Neuberliner. Man sagt viertelvier und meint 15:15 Uhr, halbvier = 15:30 Uhr, dreiviertelvier = 15:45 Uhr, vier = 16:00 Uhr.

Unter den Linden: zentraler Boulevard und Verkehrsachse, vom Pariser Platz über 1,5 Kilometer in östlicher Richtung bis zur Schlossbrücke. Seit 1989 wurden fast alle historischen Bauten saniert. Besonders eindrucksvoll: Humboldt-Universität, Alte Bibliothek, Kronprinzessinnen- und Opern-Palais, Staatsoper, Neue Wache und Zeughaus.

Urania: 1888 gegründete, unterstützungswürdige Einrichtung, die wissenschaftliche Bildung für alle Bürger vermitteln will. Geboten wird im gut ausgestatteten Gebäude in Schöneberg ein vielfältiges Kultur- und Bildungsprogramm zu günstigen Eintrittspreisen für Interessierte aller Altersstufen.

V

Velodrom: zweitgrößte Veranstaltungshalle Berlins, im Ortsteil Prenzlauer Berg, für bis zu 12 000 Besucher von Radrennen, Konzerten und anderen Großveranstaltungen.

Verborgene Orte: Berlin hat viele wunderbare Orte, die nicht in jedem Reiseführer stehen. Einige findet man im Internet-Stadtführer berlin-hidden-places.de.

Volksbühne: am Rosa-Luxemburg-Platz in Mitte. Unter der Leitung von Frank Castorf sorgt das Theater seit 1992 bis heute immer wieder mit im wahrsten Wortsinn aufregenden Inszenierungen für Schlagzeilen.

W

Waldbühne: wunderschöne Freilichtbühne in Charlottenburg, westlich des Olympiageländes. 1936 gebaut, bietet sie 22 000 Zuschauern Platz. Kultstatus hat das jährliche Konzert der Berliner Philharmoniker. Aber auch Rock- und Popstars und Opernsänger aus aller Welt treten von Mai bis September auf.

Wannsee: Ortsteil im Bezirk Steglitz-Zehlendorf, im äußersten Südwesten gelegen. W. steht vielfach als Synonym für das gleichnamige Strandbad, größtes Binnenseebad Europas und seit 1907 beliebter Treffpunkt für alle, die auch beim Baden nicht gerne alleine sind. Für Individualisten und Ruhesuchende in der Saison nur bedingt geeignet.

Wein: wächst auf dem Kreuzberg, der dem gleichnamigen Bezirk den Namen gibt. Die Trauben werden in Mainz und Ingelheim gekeltert. Das Resultat kommt aber nicht in den Verkauf, sondern wird vom Bezirksamt bei besonderen Anlässen ausgeschenkt oder als Geschenk verwendet. Auch in anderen Bezirken werden in bescheidenem Umfang Reben zwecks Weingewinnung angebaut.

Westhafen: größter (Binnen-)Hafen der Stadt, im Ortsteil Moabit des Bezirks Mitte. Wichtiger Umschlagplatz für Waren, aber auch Standort von Möbellagern, Werkstätten und der Zeitungsabteilung der Berliner Staatsbibliothek.

Wilhelmstraße: verläuft von Mitte nach Kreuzberg. Im 19. Jahrhundert Sitz der Ministerien Preußens und ab 1871 des Deutschen Reichs. Nach 1933 richteten die Nazis die Zentralen ihres Terrors hier ein. Eine »Geschichtsmeile« markiert ausgewählte Standorte.

Wilmersdorfer Witwen: unsterblich gemacht durch das Musical Linie 1, das man allen Neuberlinern nur ans Herz legen kann.

Wühlmäuse: bekanntes Kabarett am Theodor-Heuss-Platz in Charlottenburg. Direktor Dieter Hallervorden präsentiert vor oft ausverkauftem Haus die wichtigsten Vertreter des Fachs.

Z

Zeitungen: Drei große seriöse Tageszeitungen im Angebot. Keine davon hat es bisher geschafft, die Hauptstadtzeitung zu werden. Alternativen vorhanden: Die taz oder Das Neue Deutschland. Der Rest ist Schreien (Boulevard). Einfach probelesen oder -abonnieren (Angebote) und vergleichen. Abo einer Tageszeitung ist für Stadteinsteiger zu empfehlen.

Berliner Zeitung: größte Abonnentenzeitung in Berlin-Brandenburg. Erscheint Montag bis Sonnabend und wird bevorzugt im Ostteil der Stadt gelesen. Handliches »Berliner Format«.
Berliner Morgenpost: aus dem Hause Springer, politisch eher konservativ. Schwerpunkt sind Nachrichten mit Berlin-Bezug. Montags bis Sonntag. Großer Regionalteil. Größter Immobilien- und Stellenmarkt unter den Berliner Zeitungen.
Tagesspiegel: linksliberal, mit überregionalem Anspruch. Montag bis Sonntag. Das intellektuellste Blatt, aus dem ehemaligen West-Berlin, wo es vor allem gelesen wird. Donnerstags mit Neuberliner-Kolumne und Eventmagazin TICKET, sonnabends Immobilienteil, sonntags mit Beilage.

Zille, Heinrich (1858-1929): war der Zeichner des Berliner »Milljöh«. Seine Bilder zeigen Szenen und Figuren aus dem Berliner Proletariat. In der ehemaligen Zille-Stube Ecke Zillestraße/Richard-Wagner-Straße in Charlottenburg befindet sich heute das Restaurant Papageno, ein beliebter Treffpunkt für Freunde der original neapolitanischen Küche. Dort kann man einige bekannte Motive Zilles als Wandgemälde bewundern.

Zoo: Der Berliner bezeichnet damit zweierlei, den gleichnamigen Bahnhof in Charlottenburg, nach der Einweihung des Hauptbahnhofs zum Leidwesen vieler West-Berliner vom Fernverkehr abgekoppelt, und den gegenüberliegenden, ältesten Zoo Deutschlands. Sein östliches Gegenstück und genauso sehenswert ist der Tierpark Berlin in Friedrichsfelde.

FAMOUS LAST WORDS

Bravo! Sie haben die Seiten dieses Büchleins aufmerksam gelesen und wissen jetzt etwas mehr über diese außergewöhnliche Stadt. Ich hoffe, die Hinweise sind hilfreich für Ihren ganz persönlichen Einstieg.

Natürlich kann man Berlin auch anders begegnen. Mit mehr Distanz, auch mit Kopfschütteln und Kritik. Dies haben berühmte Menschen übrigens auch schon getan, teilweise ihr Leben lang. Aber der Rat, den ich Ihnen am Schluss geben möchte, zielt in die andere Richtung: Bleiben Sie nicht in Ihrem Kiez, so gut es Ihnen inzwischen dort auch gehen und gefallen mag. Überschreiten Sie die Grenze, so oft es geht, und entdecken Sie die Spuren einer spannenden, höchst abwechslungsreichen und widersprüchlichen Geschichte. Diese Spuren sind reichlich vorhanden, oft fast unsichtbar, doch äußerst lehrreich – auch für das Verständnis der Berliner Gegenwart.

Bewahren Sie Ihren Sinn für das Unbekannte, das Neue und Fremde! Und machen Sie sich auf die Suche nach den vielen Geschichten, die in Berlin geschrieben worden sind. Wer hat hier nicht alles gelebt und gewirkt, gelacht und gelitten, was ist nicht alles in den vergangenen 800 Jahren geschehen! Je länger und tiefer Sie graben, desto mehr Schätze und Überraschungen werden Sie zu Tage fördern. Vor allem aber: Je mehr Sie sich für Berlin in Geschichte und Gegenwart interessieren, desto leichter wird es Ihnen fallen, an der Spree heimisch zu werden.

Berlin hat nicht nur eine Vergangenheit, sondern auch eine große Zukunft. Das scheint mir sicher. Es ist ein riesiges Experiment, an dem neuerdings auch Sie mitwirken. Wie es ausgeht, ist offen. Ich wünsche Ihnen viel Glück und Freude bei Ihrer aktiven Teilnahme.

Thomas Knuth

P.S. Wenn Sie dann einmal, zurück auf Besuch in Ihrer »alten« Heimat, auf einen dieser hartleibigen Menschen stoßen, die nur Schlechtes von Berlin sagen und denken, dann antworten Sie ihm mit der Bemerkung, die Carl Friedrich Zelter (1758 – 1832) an die Adresse von Johann Wolfgang von Goethe (1748 – 1832) richtete: »Ganz ehrlich gesprochen, wißt Ihr Herren in der Ferne doch alle nichts von Berlin, wo, wie aller Orten, eine lebendige Gegenwart jede Vorstellung und Gedanken Lügen straft.«

Lust auf mehr **Tipps**, auf das Seminar für Neuberliner oder auf die speziellen Stadteinsteiger-Touren? Dann ins Web, zu berlinforbeginners.de. Dort gibt es auch den Beginners' Blog, in dem Sie Ihre Tipps und Erfahrungen anderen Neuberlinern mitteilen können.

Vorschläge willkommen! Schicken Sie dem Verlag Ihre eigenen Beginners-Empfehlungen und Verbesserungsvorschläge, um dieses Buch noch hilfreicher zu machen. Für jeden Beitrag, der aufgenommen wird, gibt es als Dank vom Verlag eine DVD »The Making of Berlin«. Mails an Info@AllesueberBerlin.com

LITERATUR (AUSWAHL)

Arand/Knuth.
Berlin 1989-2009 – Eine Bilanz in 12 Gesprächen. Berlin 2009
20 Jahre Berlin. Wie hat sich die Stadt seit dem Mauerfall verändert?

Ruth Bombusch.
Viel Berlin für wenig Geld. Berlin 2006
Berlin gut und billig. Viele nützliche Hinweise. Mit Stadtplan.

Horst Bosetzky/Jan Eik.
Das Berlin Lexikon. München 2003
Humoriges Kompendium mit 1000 Stichwörtern in alphabetischer Reihenfolge

Dreppenstedt/Esche (Hg.).
Ganz Berlin – Spaziergänge durch die Hauptstadt. Berlin 2007
Nimmt Sie an die Hand und führt Sie durch alle Bezirke. Einladung zum genauen Blick hinter die Fassaden.

Der kleine Duden.
Deutsches Wörterbuch, Sonderausgabe Berlin. Mannheim 2005
Zuverlässiger Wegweiser durch den Dschungel der Berliner Schnauze, zusammengestellt von Brigitte Grunert.

Wieland Giebel.
»The Making of Berlin«. DVD. Berlin 2011
Alles über Berlin – von der Gründung bis heute in 25 Minuten – Geschichte, Sehenswürdigkeiten und Perspektive.

Brigitte Grunert.
Die Berliner Mundart: Ein Sprach(ver)führer. Berlin 2003
Die strenge Sprachwächterin des »Tagesspiegel« nordet den Neuberliner im Plauderton sprachlich ein.

Jakob Hein.
Gebrauchsanweisung für Berlin. München 2010
Liebevolle Beschreibung des Berliners und seiner einzigartigen Heimstätte.

Friedhelm Teicke u.a.

Kulturverführer Berlin. Hamburg 2009

Alles über die Berliner Kultur und ihre Austragungsorte (mit Öffnungszeiten, Preisen, Buchungsmöglichkeiten).

Sven Felix Kellerhoff

Geschichte in Geschichten – Ortstermin Mitte. Berlin 2007

Berlin für Fortgeschrittene – 30 spannende Geschichten über tragische Schicksale und bedeutende Orte abseits ausgetretener Pfade.

Sven Felix Kellerhoff

Geschichte in Geschichten II – Niemand hat die Absicht ... Berlin 2008

Mehr Berlin für Fortgeschrittene – Zweiter Band der Spurensuche in Berlin

David Clay Large.

Berlin: Biografie einer Stadt. München 2002

Fundierte Darstellung der Stadtgeschichte von 1871 bis 2002.

Edition Gauglitz.

Museumsplan Berlin und Potsdam. Berlin 2007

Alles, was Sie dabei haben müssen, um die Museumslandschaft Berlins und die Potsdamer Schlösser zu erkunden.

Brinkschulte/Knuth.

Das medizinische Berlin – Ein Stadtführer durch 300 Jahre Geschichte. Berlin 2010

Auf acht Rundgängen durch die einstige Welthauptstadt der Medizin – zum Laufen und Lesen.

Monika Märtens.

Eintritt frei – Berlin kostenlos erleben. Berlin 2009

Mehr als 200 Veranstalter, die Kultur für lau anbieten.

Ingrid Nowel.

Berlin Kunstreiseführer, DuMont. Ostfildern 2009

Das umfassenste und beste Berlinbuch, das jedem zu empfehlen ist, der ordentlich alphabetisiert ist und liest.

Andreas Steingart.

Schauplätze Berliner Geschichte. Berlin 2004

Kompakter Begleiter durch die letzten 200 Jahre. Aus Geschichte werden Geschichten.

PERSONEN- UND SACHREGISTER

PERSONEN- UND SACHREGISTER

PERSONEN- UND SACHREGISTER